Beltz Taschenbuch 752

Über dieses Buch:
Im Zentrum des Interesses von Martin Wagenschein stand die spontane
sowie die unterrichtlich angeleitete Auseinandersetzung von jungen Menschen mit den Erscheinungen der physischen Welt: Wie bauen Kinder von
sich aus über Phänomene, die ihnen in ihrer nächsten Umwelt auffallen,
Wissen auf, wie versuchen sie sich die Sachverhalte so anzueignen, daß sie
verstehen, was vor sich geht ohne einfach wiederzugeben, wie ihnen die
Erwachsenen „die Dinge der Welt" erklären? Dazu bedarf es, wie Wagen-
schein schreibt, einer „Didaktik mit Herz", die das eigene Denken der
Kinder achtet, ihr eigenes, unverwechselbares Bedürfnis, etwas zu durch-
schauen, „dahinter zu kommen". Später nennt er dieses pädagogische
Prinzip das „genetische", nämlich ein Hervorgehen des wissenschaftlichen
Denkens aus dem kindlichen und dem jugendlichen Suchen und Finden,
Denken und Entdecken.
Über seine Motive und auch über die Entwicklungen innerhalb seines Le-
benswerkes berichtet er in diesem Buch, das er eine „pädagogische Auto-
biographie" nannte und der er den bis heute gültigen Titel gab: „Erinne-
rungen für morgen". Er schildert die Begegnung mit denen, die für sein
Werk und seine eigene Auffassung von Pädagogik wichtig waren, wie Paul
Geheeb und später Minna Specht von der „Odenwaldschule", oder seine
Kontakte zu Otto Friedrich Bollnow, Wilhelm und Andreas Flitner,
Eduard Spranger, Theodor Litt, Wolfgang Metzger und viele mehr. Und
er nennt jene, die für seine „Befreiung vom Jargon des studierten Faches"
wichtig waren: Makarenko, Korczak, Steiner, Neill, Illich oder die Scuola
Barbiani.

Der Autor:
Martin Wagenschein wurde am 3. Dezember 1896 geboren und wuchs in
der Nähe von Gießen auf. 1921 promovierte er in Physik. Entscheidend
für sein Lebenswerk wurde die Heirat mit der künstlerisch gestimmten
Wera Biermer und eine zehnjährige Tätigkeit an der Odenwaldschule
Paul Geheebs. Es folgte eine mehr als zwei Jahrzehnte währende Tätigkeit
an öffentlichen Schulen. Zudem war Wagenschein seit 1950 Lehrbeauf-
tragter für praktische Pädagogik an der TH Darmstadt und wurde 1956
zum Honorarprofessor an der Universität Tübingen ernannt. Martin
Wagenschein starb am 3. April 1988.

Martin Wagenschein

Erinnerungen für morgen

Eine pädagogische Autobiographie

Mit einer Einführung von Horst Rumpf

Biographie & Kontext
Herausgegeben von Sabine Andresen und Claus Koch

Besuchen Sie uns im Internet:
www.beltz.de

Beltz Taschenbuch 752
2002 Beltz Verlag, Weinheim und Basel

1 2 3 4 5   06 05 04 03 02

© 1983 Beltz Verlag, Weinheim und Basel
Umschlaggestaltung: Federico Luci, Köln
Gesamtherstellung: Druckhaus Beltz, Hemsbach
Printed in Germany

ISBN 3 407 22752 3

Inhalt

Einführung

Die Biographie einer Entdeckung. Einer erzählt, wie ihm die Augen aufgingen. Und wie er sein Leben lang das andern zu zeigen suchte, was er deutlich sah und wofür seine Umwelt immer wieder zu erblinden schien. Immer wieder ist in dieser pädagogischen Biographie in räumlichen Bildern von einer Region die Rede, die die landläufige Belehrung des Nachwuchses, der Laien entweder übersieht oder geringschätzt oder aber im Sturmschritt durcheilt – sie wird ihr zur Region der „verbrannten Erde", mit verheerenden Folgen für die Qualität des Lernens, wie der Autor sieht. Es ist die Region unterhalb der Fachsprache, unterhalb der Formeln und der wissenschaftlich abgesicherten Befestigungsanlagen; die Region vor den Belehrungsapparaten, vor dem Bemühen, Weltgegebenheiten in Zahlenwerke umzusetzen und dabei verblassen zu lassen.

Was ist gemeint? Das gibt es, es liegt vor aller Augen und hat doch, wenn man sich den sinnenden Blick nicht verbieten läßt, unwahrscheinliche, unbegreifliche Züge: Regentropfen auf Blättern im Licht, in denen es bunt funkelt, obwohl das Wasser ganz klar ist und obwohl das Licht nicht bunt ist; ein Sandkorn, das im Wasser versinkt – und, womöglich daneben, in einem Fluß, einem See, am Meer, ein schwerbeladenes Schiff, das nicht untergeht; Salz, das sich im Wasser auflöst und dabei dadurch (?) das Wasser kälter werden zu lassen scheint; ein ferne vorbeirollender Zug, dessen Geräusche irgendwie zu mir, in mich kommen, auf unsichtbaren Wegen, mit unsichtbaren Transportern, denn nichts wackelt, nichts bewegt sich; ein beliebiger Kreis mit der merkwürdigen Eigenschaft, daß die

3

Strecke zwischen seinem Mittelpunkt und seinem Rand genau (ziemlich genau, absolut genau?) sechsmal auf seinem Umfang abzutragen ist. Das alles gibt es – und seine Unbekanntheit und Schwerbegreiflichkeit ist uns nicht nur verschüttet durch Gewohnheit und Lebensroutine, sondern auch durch den Gestus der Fachleute, die uns durch ihre souveränen Belehrungen das Staunen und das Nachdenken über solche unscheinbaren Phänomene längst ausgetrieben haben. Das alles taucht gewöhnlich nur als Material zur schleunigen Erklärung auf. Es verliert so den Stachel, den Erfahrungswiderstand, der zum genauen Hinsehen, zum sorgsamen Durchdenken, zum nachdenklichen und Gründe einfordernden Gespräch herausfordert. Der Fachmann, der über solche dummen Anfängernachdenklichkeiten nur lächeln kann – er hat in sich oft die Staunfähigkeit, die Staunkraft abgetötet, aus der allein wirkliches Wissen, wirkliches Verstehen und wirkliche Wissenschaftsverständigkeit entstehen kann. Und in dieser tragisch und grotesk zu nennenden Lage sind nicht wenige Wissenschaftslehrer. Weil der Mutterboden wirklichen Verstehens für sie eine Region verbrannter Erde geworden ist, weil ihnen die vielfältige Welt von Phänomenen zum Illustrationsmaterial längst bekannter Gesetze und Prinzipien zu schrumpfen droht – jedenfalls wenn es an die Belehrung geht; deshalb verhindern sie, was sie zu erreichen suchen. Die Belehrung droht das unkenntlich zu machen und der nachdenklichen Aufmerksamkeit zu entziehen, worüber sie zu belehren bemüht ist. Eine tragikomische Lage, in der Martin Wagenschein die Ausbreitung des naturwissenschaftlich-mathematischen Wissens, vor allem des physikalischen Wissens sieht.

Diese „pädagogische Biographie" zieht den Leser in die Vorgänge hinein, in denen dem Autor die Augen für die verschütteten und verachteten Zonen des Menschenlernens aufgegangen sind – denn es handelt sich bei Wagenschein, der fast vier Jahrzehnte seines Lebens Lehrer an allgemeinbildenden Schulen war, niemals um eine am grünen Tisch ausgedachte und nur theoretisch begründete Vorstellung von Unterricht. Seine Erkenntnisse sind mit seiner Lebensgeschichte, seiner Person verwoben. „Wie kann nur ein Mensch des 20. Jahrhun-

derts auf diese Gedanken von Schule und Unterricht kommen?"
– so fragte mich um 1980 ein von Wagenschein-Texten ange-
rührter Student. „Was hat er erlebt? Im Betonbunker meiner
Gesamtschule hätte ihm das nie kommen können!"
Der Leser wird Zeuge, wie ein Studienreferendar in den
frühen Zwanziger Jahren in den Zweifel fällt, ob die Art der
Belehrung, der Beurteilung, der didaktischen Kleinarbeitung
von Wissenschaften – ob die Fixierung auf die Methoden und
Ergebnisse von Wissenschaften, wie sie in Gymnasien und
Schulen gang und gäbe waren, ob sie wirklich so selbstverständ-
lich und unantastbar waren, wie sie sich gaben. Und fast zehn
Jahre Arbeit an der Odenwaldschule Paul Geheebs – sie
machten die schwachen Ahnungen zur Gewißheit.

Ähnlich wie Sigmund Freud die eingefleischten Gewißhei-
ten über die Beschaffenheiten seelischer Krankheiten, über
Qualität und Herkunft seelischer Äußerungen (wie Träume,
Fehlhandlungen, Lachen etc.) zerfielen, ähnlich wie Protagoni-
sten der modernen Literatur und Kunst in den ersten Jahrzehnten dieses Jahrhunderts die überlieferten Gußformen der Darstellung, die überlieferten Materien des Darzustellenden hinter
sich ließen – so muten mich die Durchbrüche an, die Wagenschein in der alten Odenwaldschule in den zwanziger Jahren
mitvollzogen hat und in dieser Biographie beschreibt und
bezeugt: Unterricht als von Respekt getragener, angstfreier
Austausch über eine vor Augen liegende, Nachdenken und
Beobachtung herausfordernde Sache – frei vom Druck zu
bewältigender Stoffmassen, frei von der Hast, die nie Zeit hat
sich auf scheue, „dumme" Kindergedanken einzulassen, frei
von Konkurrenzangst, frei auch von dem Zwang, immer auf
Vorrat, „für später" zu lernen und nur vorgeplante Lernschritte
zuzulassen.

Die Entdeckung, daß solcher Unterricht möglich ist und
wirklich werden kann – sie schärfte den kritischen Blick Wagenscheins. Nicht einmal so sehr irgendeine Philosophie der Men-
schenfreundlichkeit war es, mit der er sich zeitlebens zum
Kritiker der eingefahrenen Staatsschule machte; viel nüchter-
ner: er sah Leerlauf, Scheinkenntnisse, Flüchtigkeit, Imponier-
gehabe hinter den Fassaden der auf ihre Wissenschaftsorientie-

rung pochenden Schulen. Und ich habe in den über zwei Jahrzehnten, in denen ich mit Studenten auch über ihre Schulerfahrungen gesprochen habe, noch keinen gefunden, der Wagenschein in diesem Punkt zu widersprechen Anlaß gesehen hätte. Diese Biographie erschließt Schulgeschichte von innen, von unten – unter Verzicht auf die Vogelperspektive des darüber stehenden, sich allwissend gebenden erzählenden Historikers. Was die erste große Katastrophe des Jahrhunderts, der erste Weltkrieg und sein Ausgang, nicht vermochte – eine wirkliche Änderung der aus dem 19. Jahrhundert überkommenen Schule, das, so macht Wagenschein deutlich, wurde von nicht wenigen nach der zweiten Katastrophe nach 1945 erhofft. Ein neuer Anfang – mit der Chance, daß die Schulhäuser, die Apparate in Trümmer lagen; daß die überlieferten „Bildungsanstalten" allen Anlaß hatten, an sich und ihrer Qualität zu zweifeln.

Bewegend, wie Wagenschein die ersten Schritte zu einer anderen Schule nach 1945 schildert – wie fassungslos und ratlos er aber bald registrieren muß, daß die Alte Schule, die auf Stoffdruck, auf Zeitdruck, auf Notendruck setzt und die Wissensvermittlung höher einschätzt als die Entstehung von Nachdenklichkeit und Aufmerksamkeit, daß diese alte Schule auch diese Katastrophe bemerkenswert gut überstanden hat. In den fünfziger und sechziger Jahren – vor allem im Zusammenhang des „Exemplarischen Lehrens" – wurde Wagenschein zu einer didaktischen Berühmtheit. Freilich – die beinharte Schulpraxis der verwalteten Schule, die sich mit großer Selbstverständlichkeit wieder eingerichtet hatte, sie konnte er nur über wenige subversiv arbeitende Lehrer antasten.

Überrascht, verwirrt, ja entsetzt registrierte er Ende der sechziger Jahre eine neue Welle der die Nachdenklichkeit abtötenden Verschulung: in der „Verwissenschaftlichung" der Pädagogik, sofern sie die „Physikalisierung" von Geschehnissen zwischen Menschen bedeutete. Das neue Gefühl für die Umwelt, für die Grenzen der Naturwissenschaft, für die Fragwürdigkeit einer Haltung, die die Natur und die Lernprozesse „in den Griff" bekommen will – diese Entwicklungen seit der Mitte der siebziger Jahre gaben der Entdeckung seines Lebens freilich neue Resonanz: eine Schule, eine Spielart von Unter-

6

richt, die sich nicht damit zufrieden gibt, Wissenschaftsergebnisse zu herabgesetzten Preisen in Schülerköpfe zu transportieren (wo sie alsbald merkwürdigen Verwesungsprozessen zu verfallen pflegen und allenfalls Expertengläubigkeit hinterlassen) – stattdessen eine Schule, ein Unterricht in denen Erkenntnisse in nachdenklichem Gespräch entstehen und die dabei die Grenzen jeder Art, zu Erkenntnissen zu kommen, nicht nur beteuern, sondern erfahrbar und diskutierbar werden lassen. Natur wird da präsent als etwas anderes denn als Material zur Beherrschung und Ausnutzung. Hat diese Spur aus dem frühen 20. Jahrhundert nicht Zukunft, so wenig unsere tatsächliche Schulbelehrung auch davon spüren lassen mag?

Auf einen charakteristischen Zug dieser Biographie will ich noch aufmerksam machen: ein Buch über eine Lebensgeschichte mit Schule, Unterricht, Naturwissenschaften, Pädagogik ohne Fachsprache, mit äußerster Zurückhaltung gegen die wissenschaftsgängigen Allgemeinbegriffe, denen die umschriebenen Phänomene von den Profis der Praxis wie der Wissenschaft gewöhnlich umstandslos zugeschlagen werden, so daß man sie gar nicht mehr genauer betrachten muß. Nichts also von Motivation, Problemlöseprozeß, kognitiver Operation oder von Evaluation, Sozialisation, Paradigmenwechsel; die Umgangssprache, sorgfältig erwogen, herrscht vor – und mit ihr ein Respekt vor bestimmten Phänomenen, vor Szenen, vor einzelnen Äußerungen. Nirgends schrumpfen sie zur Illustration. Sie werden erzählt, sie behalten Eigengewicht – und zwar so, daß sie den Lesern das Denken nicht abnehmen, sondern sie in den Sog des Weiterdenkens bringen, ohne ihnen ein Resultat in die Hand zu drücken. Etwa: Wenn der Referendar Wagenschein auf einen Experimentalaufbau, der nicht funktioniert, starrt und dabei vor sich hin sagt „Wer ist da schuld?", worauf sich ob dieser Redeweise ein Schrecken auf den Gesichtern der Beobachter verbreitete „als sei ein Gespenst vorübergegangen". Oder: Nach der gründlichen Erörterung der Fallgesetze steht eine junge Frau (auf dem Heiligenberg bei Jugenheim) auf und stellt „mit entwaffnendem Ernst" die Frage: „Aber, wie ist das mit den Vögeln?" (die ja fliegen und nicht fallen...). „Es war ein bedeutender Augenblick in meiner pädagogischen Ausbil-

dung" schreibt Wagenschein. Diese Szene in ihrer Unabge-
schlossenheit zu erwägen, das bringt den Leser in die gemeinte
Sache, die die flinken Begriffe der Didaktiker wie auch der
Schulverwalter und Bildungspolitiker gewöhnlich verstellen.
Ich erinnere mich, wie Wagenschein nach einem Seminar in
der Technischen Hochschule Darmstadt mir einmal beiläufig
sagte „Mich scheinen nur die wirklich zu verstehen, die mich
persönlich kennen – Das wäre schlimm." Diese dichte Autobio-
graphie, eine Art Systematik Wagenscheinscher Vorstellungen
im Aggregatzustand von erzählten Szenen, sie könnte eine Art
Ersatz für dieses „persönliche Kennen" werden. Dieses sein
letztes Buch, 1983, fünf Jahre vor seinem Tod, erschienen,
atmet keine Resignation. Er war sich sicher, daß ihm etwas
aufgegangen war, was nicht mehr aus der Welt zu schaffen sein
würde – auch wenn keine politischen oder wissenschaftlichen
oder weltanschaulichen Bataillone bereitstanden. Die pädagogische Lebensgeschichte eines schwach gerüsteten David, der
zeitlebens für die didaktische Abrüstung stritt. Ein singuläres
Buch.

Horst Rumpf

Vorwort

Ich wäre nicht auf den Gedanken gekommen, einen pädagogischen Lebensbericht zu schreiben. Die Anregungen kamen von außen.

Als ich vor neun Jahren begann, zögernd dies oder jenes Bild, so wie es aufstieg, einzufangen, fühlte ich mich angezogen.

Was ich hier vorlege, soll keine Kurz-Biographie sein. Es ist der Versuch, aus der Erinnerung mögliche Ursachen aufzufinden für allein die *pädagogische* Wendung meines Lebensweges. Dabei bin ich überzeugt, daß Kausalität nicht ausreichen kann zu fassen, was als Fügung sich besser verstehen ließe.

Meine Aufzeichnungen möchten spüren lassen: Dank für Ermutigungen, und den Glauben an eine freie und freudige Schule, die getragen ist von der ungestörten Verstehens-Lust der Kinder.

Herkunft und Heimat

Kein Städter: Nur ein Siebentel etwa des Lebens wohnte ich nicht „draußen", „im Freien". Meine Mutter kam aus der Heide- und Waldlandschaft westlich der Elbe aus einer Familie von Förstern seit Generationen; und der Vater, nicht weit davon, blickte als Kind auf Äcker; jüngster, dritter, Sohn eines Bauerngutes.

Er wurde Techniker, reiste umher und baute Ziegeleien, zuletzt eine große „Dampfziegelei" bei Giessen, als deren Leiter er heiratete und blieb. Ein gewissenhafter und musikalischer Mann, ein Muster an Integrität. Sein kritisches Wort: „Das ist nichts Genaues."

Nur selten durfte ich in die Fabrik mit hinein und heran an den in sich geschlossenen Tunnel, den „Ring-Ofen", in dem das Feuer sich rundum fraß und auf seinem Wege die sorgfältig locker gestapelten weißen Ton-Quader in rotglühende Backsteine verwandelte (ich konnte sie sehen, durch ein kleines Guckfenster aus Glimmer: eine gleißende Bibliothek), um sie dann hinter sich zu lassen als kalte hellbraune „Klinker". Denn sie klingen, wenn später der Hammer die Schlackenreste abschlägt, bevor sie in vielen weißen Haufen um die große Fabrik herum gesetzt werden. Wie ein Ring von Abkömmlingen stehen sie da, weiße Gebäude von verschiedener Gestalt; ein unerschöpfliches Spielfeld. Die zwei ersten Jahrzehnte wohnte ich dort bei den Eltern neben dieser riesigen Ziegelei in dem einsamen, oft von Winden umheulten Haus, eine halbe Stunde südlich des Stadtrandes. So gingen alle Schulwege über Land, sieben Jahre lang zu Fuß, dann „per Rad".

Eine Heimat mit viel Himmel, mancherlei Wetter und ausgeprägten Horizonten. Im Osten hinter vertrauten Eisenbahngeleisen weite Wiesen vor hügeligem Wald. Über ihm ging der Mond auf. Die Mutter verstand sich auf sein Kommen und Gehen, sein Wachsen und Schwinden. Gegenüber, westlich, die ungeheure tiefe weiße Tongrube, in großartigen Stufen abfallend zum Grundwasser mit Kaulquappen und Schilfkolben, Eisbahn im Winter; noch eine Spiel- und Forschungslandschaft. Dahinter aber, ansteigend, die Heimat der vielen grauen Westwinde, feindlich anmutende Vorzeichen eines düsteren, wühlenden Braunkohlen-Bergwerks. Dorthin ging ich niemals. Aber in den hohen Sommerwiesen verlor ich mich gern. Es gab wenig Gespielen und keine Geschwister.

Im Norden nachts der Schein der Stadt am Himmel. Sonst überall viele Sterne und äußerste Stille. Flugzeuge gab es noch keine.

Biblische Geschichten

Diese Erinnerungen, geschrieben in der Mitte der Dreißiger Jahre, übernehme ich hier, nicht um etwas über Religionsunterricht zu sagen, sondern weil sie für eine pädagogische Selbstdarstellung erkennen lassen, wie sehr diesem Kind daran gelegen sein mußte, *das Fremde im Vertrauten anzusiedeln.* Die Geschichten des Alten Testaments haben sich in seiner Kindheits-Landschaft niedergelassen wie ein Vogelschwarm im Schilf. Das Bedürfnis nach „Einwurzelung", nach „enracinement", wird früh deutlich. – Ich nehme an, daß diese Bilder sich während der allerersten Schuljahre entwickelt haben.

Die Ziegelei steht wie eine Burg in der Mitte, um sie herum die Hallen, die niedriger sind, und dann – schon im Freien – die vielen weißen Steinhaufen, jeder wie ein kleines Haus, und gut zum Spielen.

Wenn man durch dies alles hindurchgegangen ist, nach Süden, so sieht man links vom Weg noch die letzten Steinhaufen, rechts das kleine „Aufseherhaus" mit einem Garten, und vor sich freies Land. In der Mitte geht eine Wiese weit bis an den Wald am Horizont. Über sie lief ich rechts in die Sandgrube hinunter. Die beginnt hart am Aufseherhaus, und ihr Abhang ist steil. Sie ist sehr groß und tief, weiß und menschenleer. Dort spielte ich mit den Aufseherkindern. Ihr gegenüber, links, auf der anderen Seite der Wiese liegen zwei große viereckige Teiche mit Büschen und Bäumen.

Ich war schon ganz erwachsen, als ich merkte, was diese Gegend für meine Kindheit bedeutet hatte und immer für mich bedeuten würde. Ich zeigte sie meiner Frau. Da erst merkte ich, wie das eigentlich seltsam war. Da hinten am Wald, sagte ich, halblinks, wo jetzt das Haus entstanden ist, da wohnte die arme Witwe, der das Öl nicht ausging. Und von dort aus fuhr Elias im feurigen Wagen gen Himmel. Ein breiter gelber Streif, so sah ich ihn, erst vor dem Wald, dann vor dem Himmel. Und auch sonst: hier in der Grube rechts, am jenseitigen Abhang, wo es wieder steil hochgeht, an diesem Abhang stand der feurige Busch, aus dem Gott zu Moses sprach. –

Und je mehr ich nachdenke, desto mehr bevölkert sich diese Landschaft mit Gestalten aus dem Morgenland, und jedes Ereignis hat seinen Ort. Es kommt sogar vor, daß ein Ort zwei Ereignisse trägt. Sie stören einander nicht. Das woran ich denke, löscht das andere aus.

Nirgendwo gab es so süße Stachelbeeren wie im Gärtchen des Aufsehers. Unter diese Büsche bin ich mit seinen Kindern oft gekrochen. Da wo sie anfangen, gleich am Eingang, stand der Baum der Erkenntnis, und da waren Adam und Eva. Weiter hinten, wo das Gärtchen einen Winkel machte und sich um das Haus legte, und wo eine kleine Gartenhütte stand, da ging der liebe Gott. Dorthin konnte man vom Eingang nicht sehen. Aber sie hörten ihn wohl rufen, das unheimliche „Adam wo bist du?". Als sie ausgetrieben wurden, stellte sich der Engel mit dem breiten Schwert vor die kleine knarrende Türe. Ich wußte ja, wie er aussah aus den Bildern in meinem Religionsbuch. Adam und Eva liefen auf die Wiese. Und dort in der Grube, wo es keine Beeren gab, mußten sie arbeiten und dort breiteten sie sich aus mit ihren Kindern.

Deshalb sah ich Abraham in der Sandgrube wohnen, weit

hinten, wo schon Gras anfängt, in einem Zelt mit Sarah; und Gott kommt sie zu besuchen, bevor er Sodom zerstört. Das sah ich auch. Das Aufseherhaus und die Steinhaufen dabei, das war nun Sodom. Im Aufseherhaus wohnte Lot, der gerettet werden sollte. Ich sah sie flüchten auf die Wiese an der Grube entlang. Und Lots Weib geht scharf am Rand der Grube – ich sehe es von unten –, und dort sehe ich sie auch erstarren im Umwenden nach dem Haus, auf das die Feuerkugeln fallen.

Mesopotamien, wo Isaak Rebekka holte und Jakob um Rahel und Lea diente, das lag in der Gegend der Teiche. So kam es, daß ich von der Grube zu den Teichen und zurück viele Karawanen über die Wiese ziehen sah, Kamele mit verschleierten Frauen und viele Hundert Schafe und Rinder, Krieger und Hirten. Nahe bei den Teichen war der Brunnen, aus dem Rebekka Isaaks Kamele tränkte.

Am liebsten von allen hatte ich Joseph und seine Geschichte. Wie ihn die Brüder in eine Grube warfen und dann verkauften, war in meinem Buch abgebildet. Diese Grube machte ich mir ganz am Anfang der Wiese, nahe dem Aufseherhaus. An den letzten Steinhaufen entlang kamen die Ismaeliten dort vorbei geritten. Als sie Joseph gekauft hatten, schwenkten sie am Aufseherhaus um und ritten durch die Steinhaufen – links standen bunte glasierte, rechts weiße – auf die Fabrik zu. Hier, die Fabrik, wo alles groß und lärmend wurde und viele Menschen gingen, das war Ägypten.

Von der Fabrik zum Aufseherhaus fließt ein Bach, auf der Seite, wo die bunten Steine stehen. Er kommt gluckernd aus einem kleinen schwarzen Tunnel und fließt zwischen engen Wänden aus großen, steilen, schwarzen Steinen. Sein Wasser ist bunt vom Öl der Maschinen, und weil die Randsteine alle etwas verschieden stehen, macht er viele Wellen und fließt schnell und strudelnd dahin. Er ist gut um Schiffe schwimmen zu lassen. Denn sie werden hin und her und auf und ab geworfen und stoßen immer an die Wände, aber sie bleiben niemals hängen. Auf diesem Bach sah ich den kleinen Spankorb davontanzen, in dem Moses ausgesetzt war. Und die Tochter des Pharao kam gegangen, und am Aufseherhaus sah sie es und nahm es aus dem Wasser.

14

Moses führt sein Volk fort, wieder hinaus auf die Wiese. Aus dem Gewirr dieser Züge sehe ich nichts mehr deutlich. Nur Goliath steht auf der Wiese, doppelt so hoch wie das Aufseherhaus, sein Kopf ragt hoch über den Wald. Und Tausende stehen an den Seiten, an der Grube, an den Teichen und sehen wie der kleine David zielt und trifft.

Schülerzeit

Von diesen vielen Jahren mit über tausend Schulstunden weiß ich merkwürdig wenig. Es ist als blickte ich in einen schwach beleuchteten Raum und fast so, als wäre ich nicht dabei gewesen. Zwar kann ich sagen, daß ich weder gern noch ungern in die Schule ging, keine Schwierigkeiten hatte, ein braver „Zweierschüler" war und vielseitig interessiert. Was in mir selber vorging, erscheint nur wie in einzelnen aufgehellten Flecken. Als hätte sich dieses doch große Blatt meines Lebensbuches am Ende so entschieden umgewendet, daß ich nur noch auf seiner Rückseite einige Bilder durchscheinen sehe.

Zwei Lehrergestalten, eine licht, die andere finster. Beide nur von heute aus zu deuten.

Der frühe Lateinlehrer in Sexta: ein noch junger, bartloser, schwerer, ernster, ja schwermütiger, nie unfreundlicher Mann. Ich sehe ihn vor mir, wie er ächzend, als litte er Schmerzen, von seinem Podest heruntersteigt und uns die Landkarte Griechenlands erklärt, aber des *alten* Griechenlands mit seinen Landschaften und Stämmen: den Dorern, den Lakedämoniern, die wir dann gerne hersagten. Ob er das in den Lateinstunden tat, oder „gab" er auch Geographie? Jedenfalls zeigte er immer nur das Alte Griechenland, und immer schwermütig. Latein hatte ich damals gern, seinetwegen, oder weil mich die klärende Grammatik anzog!

15

Viel später dann: der Chemiker. Sehr deutlich in jedem Zug seines roten Gesichts mit der breiten Nase, drahtig, im dunklen „Cut". Dieser Zyniker, niemals lachend oder gar lächelnd, beherrschte uns spielend mit den Waffen der kalten Ironie und der peitschenden, gekonnten Schimpfanfälle. Die anderen Lehrer blickten schräg auf seine Disziplinierungskunst, mit der er wilde Haufen in zitternde Kolonnen zusammenschrie. – Eisig lehrte er jedes einzelne Kapitel seiner Chemie (etwa „Die Halogene") in drei Akten von je drei Wochen: 1. Dozierende Vorführung einer Kette von Standard-Experimenten, die nebenan in den Schränken saßen, einsatzbereit wie Fertig-Gerichte, von ihm offenbar in langen fleißigen Nachmittagen oder während der Ferien zusammengebaut, mit Holzstativ, daran Trichter, Kolben, Gläschen, daneben die zuständigen Chemikalien in Fläschchen. – 2. Akt: Diktieren dessen, was wir gesehen, gehört, und also zu wissen hatten. – 3. Examinieren aller, einzelnen, mit dem Notenbuch in tückischer Reihenfolge. Ironisierung der Nichtskönner. Behalten habe ich bis heute fast nichts, kaum mehr als die Formeln der bedrohlichen Säuren: HCl, H_2SO_4, HNO_3.

Ich hatte von diesem Lehrer nichts zu fürchten. Weil ich immer Bescheid wußte? Oder weil wir uns füreinander interessierten? Ich betrachtete ihn mit scheuem Interesse. Ahnte ich, daß dies ein sehr unglücklicher Mann sein mußte?

Aus meiner Innenwelt fallen mir zwei pädagogische Augenblicke ein. Der eine, weil ich in ihm etwas „wußte", der andere weil ich etwas „verstand": Es war wohl noch in der Grundschule (damals Vorschule), als ich einmal etwas wußte, was ich von zu Hause mitbrachte: den Unterschied zwischen „herunter" und „hinunter". Keiner kannte ihn sonst. Ich hätte es nicht behalten, wenn es mich nicht gestärkt hätte. – Und das andere erinnere ich noch, weil ich begriff, was es heißt: etwas „verstehen"; nicht bloß „wissen". Daß Wasser, wenn man Salz in ihm auflöst, kühler wird als zuvor, ist seltsam. – Daß Äther, wenn er verdampft, kalt wird, schon weniger. Zum Verdampfen ist Wärme nötig, das weiß man vom kochenden Wasser. Der Äther nimmt die Wärme aus sich selbst. – Und das im Wasser sich auflösende Salz: hier leuchtete das Verstehen auf: Das sich-auflösen in unsichtbare Partikel, das ist etwas ganz ähnliches wie das Verdampfen! „Lösungswärme" ist „dasselbe" wie „Verdampfungswärme". Es ist nichts besonderes, nicht mehr abgesondert, es hat sich eingeordnet.

Schulfreunde? Einer, zuletzt. Er liebte Sport und Klavier und, gleich mir, Natur und Naturwissenschaft. Zu spät. Der Krieg verschlang ihn ohne Zögern.

Ahnungen

Unvergeßlich ein Augenblick der „Verzückung", der mich einmal für unschätzbar kurze Zeit hinwegnahm: Ich stand, vielleicht fünfzehnjährig, während der Abenddämmerung auf dem östlichen Balkon und blickte in der Richtung der Wiesen und des Waldes, als ein Eisenbahnzug vorüberdonnerte. Da schien es mir, als sei ich für eine winzig kurze Zeit ganz anderswo gewesen, doch keineswegs im Nichts. Aber keine Spur davon führte ins Sagbare.

Das Phänomen wird sich jeder nach seiner Neigung als schreckhafte Einbildung, als Absence oder Keim mystischer Erfahrung einordnen.

Ich weiß, daß mir danach in den Sinn kam und darin blieb, es sei „Das mit Raum und Zeit" nicht alles, was es gibt. – Eine gewisse philosophische Anfälligkeit ist gewiß da gewesen und immer gegenwärtig geblieben. Darauf deutet auch eine mysteriöse Notiz in einem frühen Tagebuch „Vergiß den Okkultismus nicht!" Ich spürte wohl, daß die Neigung, ihn zu vergessen, groß war. Ich habe den Befehl bis heute befolgt.

Trotzdem entschloß ich mich später, als mein Vater mir die Wahl ließ, Physik und Mathematik zu studieren, in dem Glauben, diese Disziplinen bildeten das vorurteilsfreie und objektive Fundament *allen* Wissens, den „archimedischen Punkt" für

17

Jedes, was es geben könne. Die Auflösung dieses Irrtums enthüllte sich mir später als die notwendigste Aufgabe allen physikalischen Schulunterrichts.

Studium

Das Studium – in Gießen – eröffnete mir Mathematik und Didaktik zugleich. Ich erfuhr an mir, wie Mathematik sich durch den einen Lehrer eröffnen und durch einen anderen verschließen kann.

Der eine: sprach er einmal mit dem Einzelnen, so schienen seine kurzsichtigen aber leuchtend blauen Augen, halb versteckt hinter buschigen Brauen, den Gegenüber kaum wahrzunehmen. In der Vorlesung, den Hörern den Rückend kehrend, redete er mit der Tafel und beschrieb sie zugleich; schnell, dicht, ohne einzuhalten, begleitet von dem ungleichmäßigen Staccato der Kreideaufschläge, bis sie mit engen krausen Zeilen bedeckt war. Eine „Differential-Geometrie" erinnere ich, ohne eine einzige Figur. – Ich verstand *nichts* und hätte, völlig entmutigt, die Mathematik aufgegeben, wäre nicht der andere gewesen.

Ludwig Schlesinger. Er „las" meist sitzend, er plauderte, frei und langsam. Er sprach über die Entwicklung der infinitesemalen Begriffe, nicht eigentlich historisch, aber genetisch und dramatisch. Aus Briefwechseln vorlesend – die Namen Gauß und Cauchy fallen mir ein – verstärkte er die Spannung eines Problems, um dann, nach einer Pause, leise schmatzend, die Pointe zu enthüllen. Er genoß, was er darstellte, und ließ uns daran teilnehmen.

Seine genetischen Plaudereien machten mir klar, daß die großen Entdeckungen und Ideen Gewicht und Zauber verlieren, wenn man sie uns nur in ihrem Zustand *nach* der Tat, wie

Sommersemester 1919 in Freiburg

selbstverständliche und widerspruchsfreie Definitionen berichtet.

Er hätte gut mit uns diskutieren können – wir waren, im Kriege, nur eine Handvoll –, aber er gehörte zu den Besten der Dozierenden: sie lesen nicht aus einem Manuskript ab was jetzt zu sagen ist, sondern erblicken aus den Augen der Hörer, was die jetzt gerne gefragt hätten.

20

Möglich, daß der Antipode der produktivere Mathematiker war. Aber Mathematik lernte ich nicht von ihm; dafür, wie man sie gewiß nicht lehren dürfe. Vermutlich verdanke ich Schlesinger eine erste Zuneigung zum genetischen Verfahren. (Seltsam ist, daß mir dieser mögliche Einfluß erst sehr viel später bewußt wurde.)

Ich hatte das Glück, in Bad Nauheim die unvergeßliche Diskussion mit anhören zu können zwischen dem ruhigen Einstein (anzusehen wie ein Geigenvirtuose in seiner schwarzen Haartracht) und dem zu ihm hinaufeifernden Lenard. Wir Jungen hatten den Eindruck, daß Lenard nicht verstand, was Einstein meinte.

Wenn ich an die Abschlußprüfungen zurückdenke: Viel Arbeit, wenig Schwierigkeiten. An die mündlichen Prüfungen erinnere ich mich besonders gern.

Die Themen der Hausarbeiten verraten meine Interessen: Mathematik in der wissenschaftlichen Staatsprüfung (1920): „Das Continuum-Problem im Anschluß an das Buch von Hermann Weyl." –

In der Staatsprüfung für das „Höhere Lehramt" (1923): „Förderung der Sprache durch den naturwissenschaftlichen Unterricht" (Sehr unüblich. Zentral ein Satz Schopenhauers: „Wie es denn die Voraussetzung eines guten Stils ist, daß man etwas zu sagen habe.") –

Gegenstand meiner physikalischen Dissertation, die zum Dr. phil. führte (1920), war ein vorwiegend experimentelles, hydrodynamisches, nicht sehr bedeutendes Thema. (Mein Interesse konnte nur von gleichsam sportlicher Art sein.) Es enthielt nichts von dem, was uns damals an der Physik faszinierte: Die Relativitätstheorie und das Bohrsche Atommodell.

Jugendbewegung

Sie bewegte auch mich. Da aber meine Natur es mir nicht erlaubte, mich Gesinnungs-Gruppen anzuschließen, blieb ich am Rande ihres Rauschens. Doch weiß ich soviel, daß keiner, der damals nicht jung war, die Bezauberung wird von heute aus verstehen können.

Parallelen gab es. Aber der zügige langschrittige Gang jener Zeiten bedeutete anderes als das lässige schaukelnde, zaudernde Schlendern der Jungen unserer Tage. (Um es physikalisch zu sagen: man schritt damals in longitudinaler Welle, heute zögert man in transversaler Schwingung dahin.)

Ein älterer Kommilitone mit dem Wanderschritt, hutlos und langmähnig, erzählte mir als erster etwas von einer „Odenwald-Schule" (Ilgner).

Das war mein Glück. Sie wurde, bald danach, mehr als alles bisher Genannte, mein Schicksal.

Vorher noch, geriet ich, nach dem Studium, als Physik-Assistent, in eine vom Sportlehrer der Universität angeführte freie Gruppe älterer Studenten, Jungen und Mädchen, die eine weltanschaulich unterlegte strenge Gymnastik trieb. Sie gab mir viel Körpergefühl zurück und erschien mir so wichtig, daß ich meinem Physik-Ordinarius und Doktorvater, als er einmal skeptisch danach fragte, aufwallend erwiderte: dies sei wertvoller als der ganze übrige Rest der Universität. Ich sehe den Geheimrat noch vor mir, wie er, im weißen Kittel, aufgestützt vor seinem Schreibtisch stand und mich (neben ihm, auch im Kittel) etwas bestürzt und kopfschüttelnd von der Seite ansah. Er trug mir aber gar nichts nach.

Walter König war ein vornehmer gütiger Mann. Ein Jahr lang nach dem Staatsexamen war ich Assistent bei ihm und half ihm seine Experimentalvorlesung aufzubauen.

Nach einigen Jahren, als er nur noch mühsam den Berg hinaufkam, besuchte er uns in der Odenwaldschule.

Lehrer werden?

Der Zauber der Wissenschaft hatte begonnen, mich in seinen Sog zu nehmen. Aber in ihrem Raum zu bleiben, wie mir bisweilen nahegelegt wurde, dazu war es mir dort zu menschenleer. – Die Möglichkeit, in Südafrika mit dem Echolot Erzlager auszumachen, verweilte nur kurz am Horizont. – Aber auch Lehrer wurde ich nur zögernd. Es war mir zwar aufgefallen, daß ich Kommilitonen etwas klar machen konnte, falls ich selber es verstanden hatte. – Das Studienseminar also. Ich meldete mich in die Hauptstadt, ins Ungewohnte. Das sich bald als ein schwer Erträgliches herausstellte.

Eine Notiz aus dieser Zeit: „Es charakterisiert diese Schule, daß man sich an *Kindern* von ihr erholen muß." Gemeint waren: *einzelne* Kinder, nicht Schüler-Massen.

Die Grundregeln, die man uns Referendaren mitteilte (und so, als sei so etwas selbstverständlich) glichen vorbeugenden Dompteur-Anweisungen:

„Beherrschung der Klasse mit dem Blick". Nie ihr den Rücken zukehren! Auch nicht beim Schreiben an die Tafel (würdelos verrenkt). Fester Standort! Nicht umhergehen! Günstig: Diagonal: Einblick zwischen die Bänke. In den ersten Wochen: *niemals* lächeln!

Nein, Dozieren wurde nicht empfohlen. Aber das *getarnte* Dozieren, das sogenannte „Frage-Antwort-Spiel" auf genau vorbereiteten Schienen war die herrschende Form. Ein Spiel, das die Klasse als Ganzes beteiligte, indem sie, lebhaft „Finger streckend" (Der Lehrer wartet, bis sie alle da sind: „Ich will Finger sehen!"), in buntem Wechsel aufgerufen, wenigstens körperlich in Bewegung kam. Bei einem netten Lehrer konnte das ganz munter wirken und auch sein. Wenn er tückisch war, nahm er gerade die „dran", die nicht „gestreckt" hatten. – Immer nur *eine* Frage hatte er zu stellen, auf die es auch nur *eine* Antwort gab. In kleinsten Schritten kam er so ans Ziel. – Meine Unart, bei einem Experiment zu fragen: „Was ist da los?" wurde stets streng getadelt: „Zu unbestimmt!" In der Tat: Hier konnte die vorberechnete Route auf vielerlei Weise verlassen und das feststehende „Ziel der Stunde" verfehlt werden. „Exakt" ist die vorbildliche Sprache der Wissenschaft, eindeutig! – Schlimmer noch, wenn ich, auf den Experimentalaufbau starrend (der nicht funktionierte), sagte „Wer ist denn da schuld?" und meinte: welche Teile der Apparatur, so verbreitete sich geradezu ein Schrecken auf den Gesichtern der kritischen Beobachter, als sei ein Gespenst vorübergegangen.

Es mußte überstanden werden. Es folgten wenige Jahre, in denen man, erst als Referendar dann als Assessor, im Land umhergeschickt wurde, zu kurzen oder längeren Lehr-Aufträgen. Bei einigen Schulen war es menschlicher. Die Sextaner waren bezaubernd. Und in Worms, als ich abreiste, brachten sie mich zur Bahn. – (Dort traf ich auch auf einen jungen, munteren Direktor: Otto Kammer, aktiv, hilfreich, liberal. – Um 1930, saß er dann als Regierungsvertreter und Oberschulrat bei unseren ersten eigenen Reifeprüfungen in der Odenwaldschule freundlich dabei. Und nach 1945, als er Ministerialrat in Wiesbaden geworden war, sollte ich noch viel mit ihm zusammenarbeiten können.) Es gab also zwar Lichtblicke in dieser Staatsschule, vereinzelte. Aber im Ganzen: das war es nicht!

Aber wie und wo...? Gab es da nicht diese „Odenwaldschule"?

Waldorfschulen

Die erste Berührung mit der Anthroposophie erlebte ich 1921 während meiner Referendarzeit. Ich sah und hörte die Schauspiel-Truppe von Haaß-Berkow in ihrem „Totentanz". Die irrationale Disziplin, das fast somnambule Zusammenspiel traf mich stark und nachhaltig. Fünf Jahre jünger und noch nicht der mathematischen Rationalität verhaftet: und ich wäre diesem Vortrupp vielleicht, „nachgefolgt". Mit Waldorf-Schülern und ihren Lehrern hatte ich später manche freundschaftlichen Begegnungen und Aussprachen.

In den metaphysischen Hintergrund ihres Erkenntnisweges einzudringen konnte ich nicht die Energie aufbringen, obwohl ja Steiners genaue Einführung vorlag. Andererseits hat es mich enttäuscht, daß kaum einer auch der ernsthaften und tätigen Anthroposophen, die ich antraf, von sich sagen konnte, diesen Anleitungen bis ans Ende gefolgt zu sein.

Gleichwohl habe ich den größten Respekt vor der Leistung Rudolf Steiners, entgegen dem Zug der Zeit nicht mit den Atomen, sondern mit den Seelen angefangen zu haben. Die pädagogischen und die ärztlichen Auswirkungen beweisen mir die Echtheit dieses Gegenzuges.

Ich kann nicht beurteilen ob die Waldorfschulen die besten aller möglichen Schulen sind. Aber ich halte sie für die besten, die wir heute haben, und wünschte, sie gewännen die Zukunft.

Lichtenberg und andere Sprachmeister

In meinem letzten Schuljahr hatte ich für ein gutes Zeugnis das von Hermann Hesse herausgegebene „Meisterbuch", in blaues Leder gebunden, als „Prämium" überreicht bekommen. Eine Anthologie deutscher Prosa und Lyrik der klassischen und romantischen Zeit. Ohne erkennbaren Zusammenhang mit dem Deutschunterricht und wirksamer als er, war dieses Buch vielleicht der stärkste Impuls, den mir die Schule gegeben hat. In ihm stieß ich zum ersten Mal auf Lichtenberg. (Ich habe diesen Band noch und werde ihn immer haben.)

Zwei Jahre später entdeckte ich das Inselbuch 33 mit einer Auswahl der Aphorismen. Sie fielen wie zündende Funken in meine erwartende Sprachwelt. Dabei war er ein Physiker, aber nicht nur das. Nichts von der Spaltung zwischen Natur- und Geisteswissenschaft. Einige seiner Bemerkungen fielen so tief in mich hinein, daß ich sie bald auswendig weitergeben konnte und mußte.

Noch sehe ich den physikalischen „Sammlungsraum" eines kleinstädtischen Gymnasiums vor mir mit seinen vielen Glasschränken voller Belehrungsapparate zur Physik, wie ich da an einem von ihnen lehnte mit meinem „Mentor", einem älteren Studienrat und Herren dieses Arsenals, und ihm langsam und hingerissen vortrug: „Ein etwas vorschnippischer Philosoph, ich glaube Hamlet Prinz von Dänemark, hat gesagt: es gebe eine Menge Dinge im Himmel und auf der Erde, wovon nichts in unserem *Compendiis* steht. Hat der einfältige Mensch, der bekanntlich nicht recht bei Trost war, damit auf unsere *Compendia* der Physik gestichelt, so kann man ihm getrost antworten: gut, aber dafür stehen auch wieder eine Menge von Dingen in unseren *Compendiis*, wovon weder im Himmel noch auf der Erde etwas vorkommt." Er lächelte gutmütig und verlegen über so aberwitzige und standesverräterische Ideen des Kollegen Lichtenberg.

Als Lehrer in der Schule habe ich selten versäumt, ihn zu zitieren, bei den „Lichtenbergschen Staubfiguren" (als Vorläufer der Kathodenstrahlen) oder in der Farbenlehre. („Die Frage, ob Frauenzimmer im Dunkeln rot werden, ist eine sehr schwere Frage; wenigstens eine, die sich nicht bei Licht ausmachen läßt.") Später in den Hochschul-Seminaren fand ich unter 100 Physikstudenten nur etwa 5, die je von ihm gehört hatten. – (Einer, von dem man ihnen auch nichts sagt, außer dem nach ihm genannten „Zahlendreieck": Pascal.)

Lichtenberg hat mich mächtig ermutigt, keinen Gegensatz zu sehen zwischen Aufklärung und dem Sinn für Irrationales, zwischen Ehrfurcht und Spott, Gefühl und Kühle, Mathematik und Belesprit.

Noch einen gab es, dessen sehr andere junge Gefühlssprache zur selben Zeit in mich eindrang. Nicht der Goethe, dessen „Hermann und Dorothea" im letzten Schuljahr unter Lehrerworten zu Staub zerfiel. Auch war es nicht „Dichtung", sondern „Wahrheit": Seine Briefe an „Gustgen", der er von Angesicht nie begegnen sollte. Ich las sie im Walde.

Zugleich erschien mir Nietzsche, den man mir als „Philosophen" empfohlen hatte, tief enttäuschend: Das ist ja „Dichtung", sagte ich mir und warf den Reclam-Zarathustra gleich wieder fort. Denn „Philosophie", davon war ich damals tief überzeugt, müsse „streng" wie Physik sein, ja auf sie sich gründen. – Erst nach zwanzig Jahren kam Nietzsches Sprache zu mir strahlend zurück.

Später, bleibe ich in der Nähe meiner Wissenschaften, sind es besonders einzelne Sätze, die sich mir im Lauf der Jahre eingegraben haben. Etwa dieser, aus Keplers deutschen (ja schwäbischen) Randbemerkungen zu Aristoteles:
„Schwär ist diß, was vil jrdischen zeügs in der enge bey einander hatt".
Ich empfinde diese Definition wie einen aus einem mittelalterlichen Bauerngarten gepflückten Blumenstrauß, aus dem später die wissenschaftliche Sprache heraustrocknen mußte (zu den Begriffen Volumen, Gewicht, Masse).
Oder zwei Sätze Leonardos. Ich schrieb dazu: Leonardo, ein Meister des Sehens und seiner Muttersprache, mit Glanz und Präzision, Kraft und Zartheit, notierte im Jahre 1508, wie er die Mondsichel sah und deutete, und zwar in ihrem schönsten frühesten Stadium, in welchem sie, noch ganz nah der Sonne, gerade aus der neumondlichen Unsichtbarkeit heraustretend, als ein besonderes Rätsel die Grau schimmernde ganze Mondscheibe umarmt hält. Die beiden, ursprünglich italienischen, Sätze geben die ausformulierte *Erklärung*, für das was man da sieht: Leonardo schaut, denkt, versteht und spricht in einem; nicht über ein Papier gebeugt, sondern aufgerichtet in den Raum sich versetzend. Sein Blick webt das Verstehen, hin und her wandernd auf dem durch Lichtfluten gebildeten Dreieck Sonne – Mond – Erde. Hier ist keine Spaltung, nichts was dazwischen kommt, nur erste Wirklichkeit und Einwurzelung in sie. Keineswegs „poetisch" gemeint (hier nur übersichtlich geordnet) erscheint mir Leonardos Text als kostbares Muster für die endgültige Fassung einer naturwissenschaftlichen Einsicht, die in der Wirklichkeit des Gegenstandes wie der Wärme der Muttersprache bleiben darf: Der Leser versetzt sich an jede Ecke des Dreiecks, und was er sieht, das sieht auch ihn.

„Der Mond hat kein Licht von sich aus,
und soviel die Sonne von ihm sieht,
soviel beleuchtet sie;
und von dieser Beleuchtung
sehen wir soviel,
wieviel davon uns sieht.

Und seine Nacht
empfängt soviel Helligkeit,
wie unsere Gewässer ihm spenden,
indem sie das Bild der Sonne widerspiegeln,
die sich in allen jenen Gewässern spiegelt,
welche die Sonne und den Mond sehen."

Oder Jean Pauls Ausmalung des täglichen gemeinsamen
Umlaufs von Sonne und Mond, um uns und unter uns herum:

„Der Mond hob sich
und brannte mir
als Zauberspiegel des Sonnentages,
der unter der Erde zog,
glänzend ins Auge."

Verglichen mit Leonardos geometrischer Raum-Absteckung
wird hier dasselbe beschrieben, nur nicht so genau, dafür
fließend und mit dem ungestörten Zauber der Mondnacht.

Zugleich kann man Jean Pauls Gemälde verstehen als Welt-
umgreifende Antwort auf Johann Peter Hebels unvergleichli-
ches Fragen nach dem Jenseits des dörflichen Horizonts:

*„Wenn aber früh die Sonne in ihrer stillen Herrlichkeit aufgeht, so
weiß er nicht, wo sie herkommt, und wenn sie abends untergeht,
weiß er nicht, wo sie hinzieht und wo sie die Nacht hindurch ihr
Licht verbirgt, und auf welchem geheimem Fußpfad sie die Berge
ihres Aufgangs wiederfindet."*

Sätze wie diese (Kepler, Leonardo, Jean Paul, Hebel – auch
Pascal, Galilei und andere) sehe ich mit immer neuer Bewunde-

rung an. Und der Wunsch, aus solchen Texten ein Lesebuch zusammenzustellen, gehört, wie seine Parallele, das „Physikalische Bilder-Buch" (S. 41) zu den schönen Plänen, aus denen nichts wurde. (Auch Stifters „Sonnenfinsternis" war dabei.) Ich habe in Tübingen den Text Leonardos einmal an die Tafel geschrieben; aber so, daß anfangs nur die erste Zeile dastand, und wir dann die nächste zu erfinden suchten, so bis zum Ende. Jeder unserer trockenen Vorschläge wurde dann durch Leonardos Korrektur erbärmlich vernichtet.

Im Augenblick, da ich dies schreibe, fällt mir fast Vergessenes ein: daß ich einmal – oder mehrmals – in der Schule (ich weiß nicht mehr wo und wann, vermutlich in Darmstadt) die Sonnenbahnen, die täglichen, *tanzen* ließ: „Mach' vor, wie die Sonne läuft, wenn du auf dem Nordpol stehst, im Frühling!" Da tänzelt einer also, vorn stehend, dreht sich um seine Achse („langsam, langsam!, nicht zu schnell!" – Gelächter) und deutet mit dem ausgestreckten Arm auf seinen Horizont, blinzelnd in die Mitternachts-Sonne rundherum. – „Und wenn du am Kongo stehst oder am Amazonas?" Da holt er sie, mit beiden Händen, wie schöpfend, aus dem Osten hoch, senkrecht hoch, bis über seinen Kopf, um sie dann hinter sich fallen zu lassen (vielleicht drehte er sich auch nach Westen um, um ihr sacht herunter zu helfen) – „Und bei uns?" Man kann sich's denken, schräg hoch rudernd, wie wir's ja wissen sollten –.

Sie taten das gern, die Halbwüchsigen, etwas verlegen lächelnd.

Ich kehre noch einmal zu Lichtenberg zurück: mehr noch als die Fülle seiner geschliffenen Witz-Brocken liebe ich die seltenen zarten, modern anmutenden Stimmungs-Bilder, wie dieses:

„Die kleinste Veranlassung machte mich schreiben, so sehr lächelte mich alles an."

Ich kenne das. Und was mein eigenes Schreiben-Müssen überhaupt anlangt, da untersteigen seine Gründe den Boden einer nur pädagogischen Biographie. Ich kann nur sagen: Belehrungs-Lust ist's nicht. („Belehrung" war mir immer ein fatales Wort. Und ich meine sogar, daß das Lehren sich von diesem Anklang frei halten sollte. Wo doch niemand „belehrt" werden will, sollte man's auch sein lassen.)

Mein Schreiben kann zwar Darstellung sein, aber im Grunde ist es Fühlung-Suchen mit den Anderen, Austausch und Gespräch. Auch da, wo der Andere nicht körperlich anwesend ist. Nicht zufällig rede ich in meinem verschollenen ersten Buch „Der Zusammenhang der Naturkräfte" den Leser mit Du an. Und auf jeder Zeichnung – für jede „Naturkraft" eine – ist dort ein Mensch zu sehen; der Mensch, ohne den Physik nicht wäre.

Heute kann ich nur staunen, über meine Unbefangenheit von damals.

Odenwaldschule

Als ich 1923, als Gast angemeldet, von Heppenheim aus das Hambachtal hinaufstieg, erblickte ich an seinem Ende zum ersten Mal diese, den hohen Waldrand umkränzende Häusergruppe: in *nichts* erinnerte sie an „Schule"! Man schob mich ohne Umschweife durch die Türspalte in eine „Konferenz der Mitarbeiter" hinein. Sie waren mitten im Gespräch und blickten kaum auf.

Wer es kennt, wie in der „Notenkonferenz" eines großen Gymnasiums in 4 bis 6 Stunden Tausende von „Jahresleistungen" in ganzen Zahlen festgenagelt werden müssen, wird verstehen, warum mir der Kontrast unvergeßlich blieb: Denn es ging ja hier um Entsprechendes. Nur war es *ein* Kind, über dessen *Entwicklung* man fast zwei Stunden lang miteinander sich austauschte und bedachte.

In der Mitte, meiner Tür gegenüber an der Wand zwischen zwei Fenstern, saß „Paulus", blickte aus überbuschten Eulenaugen die Mitarbeiter fragend an, hörte zu und machte Notizen, um daraus später in seiner goethischen Handschrift für die Eltern (falls sie danach gefragt hatten) oder seine Schule einen seitenlangen Bericht niederzuschreiben. Zahlen kamen darin nicht vor.

Was mich besonders munter machte, war die Gruppe der Mitarbeiter. Sie saßen, etwa 15 Männer und Frauen (und nicht nur Unterrichtende), quer zu Paulus' Blick in zwei Abteilungen einander gegenüber auf harten Holzbänken (ohne Tische zwischen sich) und taten alle etwas mit den Händen! Nicht daß sie in Notenbüchlein blätterten oder Zahlen malten: sie „beschäftigten sich mit Nebendingen". Frauen stopften, Männer „puhlten"

In der Odenwaldschule (Er sagt mir, welchen Kurs er wählen will.) (1927)

getrocknete Bohnen aus den Schoten. Einen sehe ich noch deutlich sitzen: ohne aufzublicken von seiner Schüssel sagte er Weniges, aber – wie es schien – Überlegtes und Beachtetes. Es war Albert Senn, ein Schweizer Volksschullehrer. Von ihm habe ich dann später am meisten gelernt, durch bloßes Hinsehen: was es heißt, Kinder ernst zu nehmen: Frei sein von jeder Leutseligkeit; Vertrauen haben und erwecken ohne Vertraulichkeit. Das lebte er vor, im Unterricht, als Wanderführer, aber auch, am Boden hockend, Schweizer Lieder zur Laute singend. Keinen sah er an, alle riß er hin.

Ich nenne in ihm nur eine der ausgeprägten Lehrergestalten („Als *wir* lebten", sagte mir einmal Wilhelm Flitner zwanzig Jahre später, „da gab es noch Lehrer!"), die sich hier zusammenfanden und zusammenhielten in der unerhörten Freiheit, die Paul Geheeb jedem gab, der seinem Pindar-Prinzip sich gewachsen zeigte (sich selbst und anderen gegenüber): „Werde der du bist." Hierin sehe ich Paulus' größte Leistung und erkenne darin das kostbarste Geschenk, das ich ihm danke. So begann für mich mit siebenundzwanzig Jahren eine zweite, eine pädagogisch gestimmte Jugend. Ich lernte aus der Lehr- und Erziehungskunst der Mitarbeiter (bei aller Gemeinsamkeit hatte jeder seine eigene) und nicht weniger lernte ich aus der Ursprünglichkeit der „Kameraden". So hießen sie, da sie ja Kinder nicht alle mehr waren, das Wort „Schüler" aber selbstverständlich nicht in Frage kam, besetzt und verbogen durch seine Bedeutung in der öffentlichen Schule: in der Tat etwas ganz anderes. Hatte ich dort „vor Schülern stehen" müssen, hier fand ich mich von Kindern umgeben. Deshalb sind mir von den „Kameraden" dieser Jahre einzelne noch heute so gegenwärtig, wie niemals Schüler aus den späteren Jahrzehnten der öffentlichen Schule es werden konnten. Noch heute (1977) kann ich auf der Straße, von Ähnlichkeiten für Augenblicke verzaubert, diesem oder jenem zu begegnen glauben, unverändert, als wären 50 Jahre wie ein Tag. So ist diese Epoche für mich und andere so bedeutsam und hell geblieben wie die Antike für unsere westliche Kultur.

Dabei glaube ich ernstlich nicht, daß ich von heute aus diese zweite Jugendzeit in verklärtem Lichte sehe. Man würde sehr irren, wenn man diese neun Jahre als einen schwärmerischen Erholungsurlaub bewertete. Das war er für keinen von uns. Da gab es keine „Dienststunden", sondern ständige Präsenz, es gab auch Unzulänglichkeiten, Enttäuschungen und Ärger, manchmal dachte man daran, den Koffer zu packen. Aber solche Anfechtungen gehören zu jedem bedeutenden und ernsthaften Aufbruch in neue Formen, wenn er Folgen haben soll.

Um den Zauber dieser Schule zu verstehen, muß man auch bedenken den ständig anfachenden Hauch der großen Welt, hier der pädagogischen Internationale jener Jahre, die in bedeutenden oder suchenden, manchmal exotischen Gestalten diese Waldrandszenerie durchwehte, ein ständiger Durchzug von Gästen aus allen Erdteilen. Die Gestalten der von Lietz herrührenden „Landerziehungsheime", Luserke, Uffrecht fallen mir ein. Martin Buber, der ja nahe, in Heppenheim, wohnte, las bisweilen aus seiner Bibelübersetzung vor. Fritz Klatt; Tagore und andere Inder kamen. Der Tscheche Bakulé mit seinem berauschenden Kinderchor (alle körperlich Behinderte).

Unter den Besuchern war eines Tages der Mathematiker Otto Toeplitz. Er saß mit in meinem Kurs, und ich habe selten einen so wohltuenden ermutigenden Gast gehabt.

Die in der Odenwaldschule gelebten neun Jahre liegen heute (1979), da ich dies schreibe, ein halbes Jahrhundert zurück. Sehe ich mich um, so erscheinen diese fünf Jahrzehnte wie eine weite, im Dunstschleier liegende Landschaft. Aber *hinter* ihr steht jener Ober-Hambacher Waldrand wie von einer breiten Licht-Schneise herausgeleuchtet und ausgezeichnet. Die Häuser, den Wald und dazwischen sich begegnende Menschen sehe ich heller und nähergerückt als alle späteren Szenerien.

Auf diesem Lichtbalken kann ich hingehen und dort sein. Die frühen Wege, Gänge, Treppen, Räume, Fensterausblicke, Waldkulissen, auch die perspektivischen Verschiebungen innerhalb der Häusergruppe für einen der hindurchläuft, sind noch in mir.

Ich fühle noch die Kühle der eisernen gerundeten Türklinken, und die Fußsohlen spüren wieder den Druck der Holzbalken, die zwischen „Goethehaus" und „Fichtehaus" die Stufen sicherten, die man hinauf und hinuntereilte, selten allein, meist eingemischt in zwei gegenläufige, lockere, jugendliche Ströme, lebhaft streifende Blicke auffangend und auswerfend; bisweilen auch in den Blick genommen und gestellt von einem Kameraden, der noch weiterdenken mußte über ein Unterrichtsgespräch, oder vorweg reden über das Thema der nächsten „Schulgemeinde" (etwa die Frage, ob Radiomusik in einer so stark selber musizierenden Schule angebracht sei?) oder auch Persönliches auf dem Herzen hatte.

Paulus

Wollte man mich nach dem Geheimnis von Paul Geheebs Wirkung fragen, so würde ich, eben weil sie ein Geheimnis ist, nicht viel zu sagen wissen, außer einem, das ganz gewiß ist: Er schenkte Vertrauen und lehrte so, Vertrauen zu geben. Damit versetzte er uns, Mitarbeiter und Kameraden, in das Grundelement der pädagogischen Atmosphäre. Schule ohne Vertrauen hat keine Zukunft. – Er hospitierte nicht. Er hielt es für eine Indiskretion. Unterricht, je besser er gelingt, ist ja ein intimer, und damit ein nicht faßbarer Vorgang. Ohnedies wußte er über alle Mitarbeiter Bescheid aus dem, was die Kinder natürlicherweise aus diesem Unterricht mitbrachten. Nicht nur ihm; sie gaben es auf die selbstverständlichste Art der großen Familie wieder. So wie einer der aus Wind und Sonne kommt, trockene Luft mitbringt, und Nässe wer im Regen war.

Wenn er mit seinem immer etwas eiligen, federnden Gang zwischen den Häusern seiner Schule dahinschritt, stets zugleich gegenwärtig und anderswo, und den Begegnenden, sofern er nicht durch ihn hindurchsah, in seinen rätselhaften grauen Blick nahm, dann waren darin Vertrauen und Distanz unbeschreiblich gemischt. Er hatte nicht wenig vom „lieben Gott" für die Kinder.

Daß man einem Menschen nicht wie Dingen „Eigenschaften" zuschreiben kann, weil jeder aus dem Spannungsfeld zwischen Gegensätzen lebt, das wird um so deutlicher, je mehr Format er hat. „Ist" nun Paulus ein „Geisteswissenschaftler" (mit einer Handschrift wie aus Goethes Zeit) oder „ist" er ein Naturforscher (der die Pflanzen des Odenwalds und später des Haslibergs, wie einst die der heimatlichen Rhön, bei ihren lateinischen Namen ruft; und der bisweilen mit dem Gedanken zu spielen vorgibt, er habe vielleicht seinen Beruf verfehlt und hätte eigentlich Moosforscher werden sollen, wie sein Vater, der Apotheker in Geisa)? Oder gar Theologe? Denn hier und in den orientalischen Sprachen hat er einmal ein Oberlehrer-Examen abgelegt.

Ist er nun zart und behutsam (wie er Kindern begegnet) oder hart (falls es um die Idee seiner Schule geht)?

Ist er ein Waldschratt, der gern mit Rehen und Käuzen umgeht, oder ein Weltmann von großem Charme, der sich auf Handküsse versteht und in dem hellen Leinen-Anzug (von immer gleichem Schnitt, mit Bundhosen) und Sandalen in seiner Schule zu sehen war wie einstmals im Darmstädter Hoftheater, das er bisweilen mit älteren Kameraden besuchte.

Als einmal – das war viel später in seiner zweiten Schule (der Ecole d'Humanité im Berner Oberland, nach der Emigration) – als dort einmal ein früherer Odenwaldschüler, inzwischen Experte geworden, einen anthropologischen Vortrag hielt und dabei erzählte, Linné habe nur den homo sapiens und den homo troglodytes, den Höhlenmenschen, unterschieden, da drehte sich der neunzigjährige Paulus, unter dem Barte schmunzelnd, nach mir um und flüsterte: „Und zu welchem würdest du mich rechnen?"

Wie ich ihn dort wieder sah, 16 Jahre nach der Emigration in seiner „Ecole d'Humanité", ihm gegenüber sitze und wieder seinen einzigartigen Blick aufnehme (die Iris ist hellgrau umkränzt), so bekommt das Auge etwas Rauhreifhaftes, was die buschigen, noch dunklen Brauen verstärken (der langwehende Bart ist ganz weiß geworden) mit diesem Blick, in dem Güte und Distanz, Vertrauen und Forderung, Schalk und Ernst sich mischen – ein wahrhaft pädagogischer Blick – wie ich ihn so vor mir hatte, da wurde gegenwärtig, wie mir fünfundzwanzig Jahre früher zumute war, als ich ihn zum erstenmal in seiner Odenwaldschule aufsuchte: da ist einer, der dich in deiner

Unfertigkeit ganz ernst nimmt und dir gibt, was du brauchst: die Freiheit du selbst zu werden.

Im Fenster steht jetzt nicht mehr wie damals (für ihn fünfundzwanzig Jahre lang, für mich neun Jahre) das harmonische Hambachtal vor der meeresgleichen Rheinebene. Es ist ausgefüllt von dem Kristallklotz der Wetterhörner, der jenseits des Meiringer Tals prangt und droht und in seinem furchtbaren Ernst die Anmut jenes Tales ergänzt, wie sich unser Blick auf die Welt inzwischen überhaupt geändert hat.

Am Abend, es ist Sonntag, nimmt uns der Strom der sommerlich gekleideten Gestalten auf, die zur „Andacht" gehen. Genau wie früher ist es nicht immer leicht, junge Mitarbeiter und ältere Kameraden zu unterscheiden. Man sitzt nicht wie damals in der großen Aula, sondern um einen langen runden Tisch herum und Paulus liest, wie oft in der Vergangenheit, die Erzählung von Tolstoi „Wieviel Erde braucht der Mensch?" Wir kennen sie genau, wir haben sie oft gehört, von derselben halblauten, behutsamen, unpathetischen Stimme. Nicht jedes Wort erinnern wir, aber einzelne Sätze leuchten auf, wie wenn neuer Wind alte Glut entfacht. Im Hintergrund sitzt unauffällig Edith, seine Frau, ohne deren Tatkraft und Güte dies alles nicht geworden wäre wie es ist: das Herdfeuer der Odenwaldschule und der „Ecole d'Humanité".

Paulus starb 1961, einundneunzig Jahre alt. Edith führte die Schule weiter, zusammen mit Armin Lüthi. Edith starb 1982. Ein Jahr zuvor hatte sie noch mit sechsundneunzig Jahren an den Konferenzen ratend teilgenommen. Nun leitet Lüthi auf seine lautere Weise die Ecole d'Humanité in die Zukunft.

Das Erzieherische

Tiefere Geheimnisse als Kinder kann es kaum geben. Unser eigenes Rätsel läuft uns in den Kleinen vergrößert entgegen.

So haben mich, soweit ich zurückdenken kann, junge Kinder immer angezogen, zugleich aber in Verlegenheit versetzt. Erst bei den Heranwachsenden schwand diese Befangenheit in dem Maße, als es möglich wurde, mich mit ihnen über *Sachen* auszutauschen. „Austausch", nicht „Belehrung", wurde mir in der Odenwaldschule die unverrückbare Basis des Unterrichts. Ich wurde dort nicht so sehr Erzieher wie Unterrichter.

Einzelne Kinder vorsätzlich zu erziehen habe ich nie Neigung und Fähigkeit in mir gespürt, es sei denn, sie fragten mich um Rat.

Die Schule Paul Geheebs, diese einmalige pädagogische Republik, hat ja wohl im Gefolge der Lietzschen Schulgründungen, als einzige den Unterricht wirklich ernst genommen. Er war dort in die alles Leben und Treiben durchdringende erzieherische Atmosphäre ganz einbezogen. Die Art wie wir miteinander umgingen, war nicht „antiautoritär" aber unautoritär, machtfrei und angstfrei, beiderseits gerichtet auf Achtung.

Diese Haltung bestimmte auch die Form des Unterrichts: das Gespräch in der Gruppe, das eine problematische Sache bis zur letzten Klärung umkreiste und durchdrang. Später habe ich versucht, die Regeln einer solchen Gesprächsdisziplin zu fassen: „Tugend des einzelnen Schülers: alles den anderen zu sagen, was er zur Sache denkt. Tugend des Lehrers: zu führen durch die möglichste Zurückhaltung seiner selbst (wozu gehört, umfassend zuzuhören und, wenn nötig, das Gespräch bei der Sache zu halten). Tugend eines jeden Teilnehmers: sich dafür mitverantwortlich zu fühlen, daß *alle* verstehen."

In der Öffentlichen Schule, habe ich dann erprobt, daß dieses Bestreben, den Unterricht in den Dienst der gegenseitigen Achtung zu stellen, dort nicht ganz unterzugehen braucht, auch wenn der Lehrer sich oft damit begnügen muß, „Sanitäter" zu sein (was ja nichts geringes ist).

Wera Biermer

Der Einzug in die Odenwaldschule geschah eine Woche nach der Heirat: Wera Biermer. Sie hätte es, sagt sie, vorher weit von sich gewiesen, jemals einen „Lehrer", und gar einen „Physik"-Lehrer zum Manne zu nehmen. Denn die Erfahrungen ihrer

Wera Wagenschein (1927)

künstlerisch angelegten Natur mit „Schule" – von der allerfrühesten abgesehen – waren durchweg abschreckend und furchterregend gewesen. Sie hatte sich ihr, wo sie konnte, entzogen; in den schwersten Fällen sogar, und unbesorgt, mit Hilfe des gestempelten Namenszugs ihres geliebten und mächtigen Vaters und Professors, dessen eigentlich originale Unterschrift die schlech-

39

ten Nachrichten hätten bestätigen sollen. – Sein früher Tod zwang sie „in Stellung zu gehen", um dann dort Wichtigeres zu erleben als auch noch ein Abitur solcher Art.

So gewann ich einen Menschen mit unverstelltem Blick und nachdenklichem Sinn für Natur- und Menschenwelt. Nicht einmal das Scheinwissen verdunkelte sie, das die Schule austeilte. So wurde sie damit der genau richtige Beistand für mich. Meine Arbeit ist ohne sie gar nicht zu denken. Sie wurde nicht nur der stilistische Zensor meiner Schriften, – indem sie das Unklare bloßstellte, das Polemische entschärfte, den Fachjargon fortlachte – auch sachlich, entwickungspsychologisch wie man das wohl nennt, war sie einem Brunnen vergleichbar. Kein Ziehbrunnen: in unverhofften Augenblicken stiegen klare Erinnerungen in ihr auf an frühe Forschungswege ihres kindlichen Denkens, weit entfernt von Schule. Ich zeichnete sie auf, womöglich nach ihren eigenen Worten. Etwas so Genaues und Spontanes ist mir nie wieder vorgekommen (ausgenommen später bei „Konrad"). Ich legte ihr auch Probleme vor, ehe ich sie meinen Schülern anbot. Nicht daß ich sie in Physik „unterrichtet" hätte: der Strom lief umgekehrt. Ich setzte in mein Buch „Ursprüngliches Verstehen und exaktes Denken" die Worte: „Ich widme dieses Buch meiner Frau, Bewahrerin und Hüterin kindlichen Denkens, die mit verstehender und prüfender Hilfe meine Arbeit seit Jahrzehnten begleitet."

Physikalisches Bilderbuch

Nach etwa sechs Jahren Odenwaldschule beunruhigte mich die Frage, ob ich in der Staatsschule je wieder zu gebrauchen sein würde; in die „einmal" zurückzukehren dem Beurlaubten doch notwendig schien („aber nicht so bald").

Dieser Staat, das heißt die im „Hessischen Landesamt für das Bildungswesen" maßgebenden Personen, an meiner Frage freundlich mitinteressiert, gingen auf den Vorschlag ein, mich

für ein halbes Jahr („aber nicht länger" bat ich,) zurückzuneh-
men, um das Fragliche zu erproben.

So kam es zu dem Mainzer Sommer von 1930. Wir hatten
zwei Mansardenzimmer nahe dem Stadtgarten, fast möbellos
mit einer Sitzecke auf dem Fußboden. – Ich probte mich und
man probte mich, ob es noch ginge. Ich hatte Glück mit dem
Direktor. Ergebnis: Vielleicht würde es gehen (später). Aufatmend kehrten wir in die Wälder zurück.

Dieses Zwischenspiel erlaubt mir die Datierung von Vorarbei-
ten für ein nie vollendetes „Physikalisches Bilderbuch". Denn
ich erinnere genau, wie ich auf Rheindampfern oder den
Planken einer Badeanstalt in diesen Entwurf vertieft gewesen
bin. Der Vorsatz dazu muß mir schon in meinen ersten Lehrer-
jahren in den Sinn gekommen sein aus der frühen Auflehnung
gegen den Brauch der physikalischen Schulbücher, die Natur-
Phänomene zu mißachten, aus denen doch diese Naturwissenschaft hervorging: Technische Großtaten auf den Buchdeckeln
und innen Belehrungsapparaturen. Da konnte nur ein „Bilderbuch für Jedermann" helfen zum Ausgleich der schulischen
Verzeichnung. Ich sammelte Photographien, oder dachte mir
welche aus, die zu suchen oder herzustellen wären.

Beispiel: ein Farbfoto, das ich weder damals noch später je
vorgefunden habe, aber genau vor mir sah und sehe:

Wenn nach einem lang anhaltenden feinsten Regenschauer
die helle Sonne durchbricht, können zartgliedrige Büsche einige
ihrer zahllosen Tröpfchen wie gleißende Diamanten aufleuch-
ten lassen, fast jeden in anderer Farbe. Auch in betautem Gras
sieht man solche bunten Blüten hervorlugen; und in Harzträ-
nen, die aus verletzten Baumstämmen ausgetreten sind.

Ein jedes Bild sollte eine Unterschrift tragen, welche die
Fachsprache vermied und nicht so sehr belehren wollte als
hinweisen auf das Erstaunliche. Hier etwa: „Das Verwunder-
liche ist dies: Die Sonne scheint nicht in buntem Licht und auch
der einzelne Tropfen ist glasklar. Woher kommen die Farben?"

Meine Liste umfaßte mehr Phänomene als ich erwartete und
auch viel mehr als mir jetzt noch einfallen. Einige in zufälliger
Folge: Blitze (möglichst auch Kugelblitze); vom Blitz zerstörte

Bäume; Kristalle am Fundort; Schneekristalle; Wurfparabeln bei Feuerwerk und Wasserfällen; mehrere Mondfinsternisse (verschieden in der atmosphärischen Stimmung und im Grad der Verdunkelung, manche nahe am Horizont, manche hoch am Himmel, mal über dem Meer, mal über Gebirgsgipfeln); Nordlichter; Anlaufende Meereswellen, schräg gegen einen gleichmäßig sich verflachenden Strand (Brechung beim Übergang ins bremsende Medium); Stehende Wasserwellen am Ufer eines Teiches; Wasserläufer (auf der Oberflächenspannung über den Wasserspiegel flitzend); Lichtperiodizitäten (Interferenzen) bei Öltropfen die auf der Straße liegen und Seifenblasen, die vor dem Himmel davonschweben; Fließende Lavaströme; Wirbel in Wasser und Luft, bis zu großen Tromben über dem Meereshorizont; Luftspiegelungen in der Wüste und auf Autostraßen; Wolkenformen; Nebensonnen; Magnetsteine, mit Eisenfeile bestreut, igelhaft starrend; Regenbögen im Wasserstaub riesiger alpiner Wasserfälle schwebend ... Fast alles Farb-Fotos, technisch *und* künstlerisch ohne Einwand; Naturlandschaften; für jedes Bild eine Seite; ich sah es recht deutlich schon vor mir.

1944 verbrannte alles in einer als sicher geltenden Stadt. Ich kam nicht mehr dazu.

Wartezeit

Meine Rückmeldung zum Staat, Ende 1932 notwendig erscheinend und vollzogen, wurde für mich und ihn politisch erschreckend überrollt: Ich fand mich wieder (wie schmerzlich hatte sich das blühende Hambachtal hinter uns geschlossen...), ich fand mich wieder in einer alten Darmstädter Oberrealschule, doppelt befremdet: durch eine unveränderte „Höhere Schule" und eine sehr veränderte Behörde. „Sie sind ja immer so ernst? Ich habe Sie noch nie lachen sehen?" fragte mich noch nach einigen Wochen ein freundlicher alter Musiklehrer, dem ich nachmittags im leeren, hallenden Treppenhaus begegnete.

Es zeigte sich aber allmählich, daß unterhalb absurder Großveranstaltungen mein eigentlicher Arbeitsbereich fast ungestört

Wanderung im südlichen Odenwald (1936)

bleiben konnte. Es war kein gefährlicher Mensch im Kollegium, und ich mußte nur immer ein unauffälliges Abitur vorführen können. Es kam mir zu statten, daß ich in der Odenwaldschule zugelernt hatte an Toleranz, Beweglichkeit und Selbständigkeit.

Was mich vor einem Jahrzehnt leiden machte, sah ich jetzt als eine selber leidende, von „Täuschung und Selbsttäuschung" (siehe S. 90), Anspruch und Verdrängung geplagte und plagende Institution: die traditionelle Höhere Schule. Anders als 1923 fühlte ich mich geschützt vor Depressionen durch die absolute Gewißheit, die keiner meiner Kollegen inzwischen hatte gewinnen können: daß es eine ganz andere, freie pädagogische Wirklichkeit durchaus noch gab, in der Welt draußen, verschlossen zwar, wer weiß wie lang, doch unvergänglich. Meine jetzige Umgebung konnte mir deshalb pädagogisch nicht viel anhaben. Ich konnte sogar etwas aus jener anderen Welt mitbringen. Die Kinder waren auch hier dieselben. Man kann schon sehr viel tun, wenn man auch nur, als sozusagen Sanitäter, den Opfern eines zweifelhaften Schulsystems beisteht; nicht als Anführer. Das sage ich auch heute, 1979, Lehrer-Studenten, die vor der Schulwirklichkeit zurückscheuen. Allmählich lernte ich, meine in der Odenwaldschule in aller Freiheit erprobte Lehrhaltung, die exemplarisch-genetisch-sokratische, (die Worte kannte ich so noch nicht) einmischen, ab und zu. Das konnte so geschehen, daß ich in einer vertrauten Klasse eine Zeitlang, in diesem Sinne „vernünftig" lehrte, also gegen den Strich: bei der Sache bleibend, intensiv, und sie im Gespräch durch die Schüler selbst klärend lassend, nicht achtend ein „Ziel der Stunde"; („Sie gehen ja gar nicht weiter, Herr Kollege, immer noch das Fallgesetz?") um dann wieder, vom Ergebnis *getragen*, gewisse andere „Stoff"-Partien zu dozieren, soweit ich so etwas fertig brachte.

Aber auch innerhalb der einzelnen Stunde, oder besser Doppelstunde lernte ich, die „Gangarten" wechseln. (Auch das empfehle ich Studenten heute. Aber sie haben es sehr schwer, weil sie gewohnt sind, wie in Kanälen fortbewegt zu werden, und nie im Meer sich frei zu schwimmen wie zwischen Inseln eines Archipels.)

Qualvoll und neu waren Herstellung und Korrektur von mathematischen Klassenarbeiten oder gar Abitur-Aufgaben. Sie mußten ja auch „gehen", und ich bin ein schlechter Rechner. Auch konnte ich es nicht ganz lassen, nebenher solche Aufgaben einzufügen, bei deren Lösung doch ein klein wenig selber nachzudenken möglich war. Zermürbend war das ungewohnte Geschäft, „Noten" (Zensuren als Zahlen) zu „machen", ohne an sie zu glauben; zu wissen aber, daß sie für den Schüler Realitäten bedeuteten.

In meiner freien Zeit zog ich den Kopf ein und schrieb mein erstes, heute vergriffenes, Buch: „Zusammenhänge der Naturkräfte" (1937, Friedr. Vieweg & Sohn, Braunschweig). Untertitel: „Das Gefüge des physikalischen Naturbildes". Offenbar ein Versuch, das *System* der Physik rein phänomenologisch, unmathematisch und streng allgemeinverständlich zu entwerfen. Also *gar nicht* „exemplarisch".

Mein Vorgehen hat Bollnow in einer Besprechung deutlicher gemacht, als ich es in Kürze könnte: „Wagenschein verzichtet bewußt auf alles, was die sogenannte moderne Physik ausmacht, insbesondere auf die ganze atomare Welt. Er hält sich ganz an die aus dem Alltagsleben vertraute Welt des „Offenbaren", des Sichtbaren, Hörbaren, Fühlbaren, und macht in dieser Welt den Zusammenhang zwischen den einzelnen Naturerscheinungen deutlich. Er vereinfacht dabei aufs äußerste, verzichtet auf alles nur irgendwie Entbehrliche, aber dafür wird jetzt zwischen den so gebliebenen einfachsten Erscheinungen der physikalische Zusammenhang in letzter strenger Folgerichtigkeit aufgebaut, so daß man bei jedem einzelnen Schritt einsieht, daß er notwendig ist und nicht anders sein kann. Das verlangt vom Leser ein Mitdenken jedes einzelnen Schrittes, aber der Gewinn ist dann auch überraschend und beglückend. Wer wirklich dem Gang gefolgt ist, dem öffnet sich ... ein tiefer Blick ... und die Freude an der Sauberkeit und lückenlosen Klarheit einer solchen Erkenntnis, die wahrhaft erzieherisch ist."

Was mir damals selbstverständlich war, berührt mich heute als „sehr interessant": ein seltsamer Stil, eigene Illustrationen; und den Leser rede ich mit *Du* an. – Ich rühre nicht mehr daran. – Zumal ich dann einiges ändern müßte. So den Satz, den ich heute nur erblassend lesen kann: „Wärme *ist* Bewegung" (S. 36, 40, 104). An anderer Stelle (S. 39) klingt es dann schon besser.

Naiv genug, schickte ich das Buch an den, mir persönlich unbekannten, Max Planck. Seine freundliche, handschriftliche

Aufbruch nach Italien über München (1941)

Zustimmung – auf einer Postkarte – war mir ein Trost und
Lichtblick in dieser Zeit. Ich weiß noch auf welcher Treppen-
stufe ich seine Karte las („Die Aufgabe, die Sie sich in Ihrem
Buch gestellt haben, interessiert mich ungemein, und ich habe
den Eindruck, daß Sie dieselbe mit gutem Erfolg und mit

großem pädagogischen Geschick gelöst haben. Nichts ist geeigneter, das Interesse für die Probleme der Physik in weitere Kreise zu tragen als eine Darstellung nach Ihrer Art. Darum wünsche ich Ihrem Werk einen schönen Erfolg.") Als nach sieben Jahren, 1943, die zweite Auflage bevorstand, bemühte sich Planck um die Papiergenehmigung. (Vergeblich) – Bemerkenswert seine Begründung: „Denn das Buch wird gerade in der gegenwärtigen Kriegszeit wegen seines gemeinverständlichen Inhaltes sein berechtigtes Interesse behalten."

Die kleinen Datteriche

Bis fast zuletzt ging ich in die Schule noch gern. Der Mutterwitz der Darmstädter Buben, unter denen manch kleiner „Datterich" vorkam, machte alles leichter.

Man hatte mich, wenn schon in die Hauptstadt, so doch in die gesellschaftlich und wissenschaftlich am wenigsten angesehene Höhere Schule getan. Das war mein Glück. Es kam genug Substanz zusammen, gemischte: vom Lande, von Handwerkern, kleineren Ladenbesitzern, mittleren Beamten; aber auch Kinder aus „besseren" Kreisen, die an „besseren" Schulen „gescheitert" waren oder doch ein Leck bekommen hatten (was nicht unbedingt gegen sie sprach), auch gelegentlich hochfeine, leicht dekadente. Im Ganzen eine gute Zusammenstellung, ausgestattet mit dem resignierten scharfen Witz, der aus Darmstadt in die Literatur eingedrungen ist. Diese Buben machten Randbemerkungen, die des „Datterich" würdig waren. Da ich den Dialekt nicht nur duldete (den viele meiner Fachkollegen verpönten, indem sie möglichst früh auf den „exakten Ausdruck" zusteuerten), habe ich einiges davon noch original im Ohr.

Wie bei „einer nicht enden wollenden" Lachsalve einer von den Empfindsamen, Kleinen, mit gespielter Nervosität pädagogisch eingriff, und einem Dicken, der als Letzter kein Ende fand, zurief: „Lach' doch net so kon-full-si-fisch!"

Aber was soll man tun als lachen, wenn einer, der keine Hausaufgaben gemacht hat, von unten kläglich – schelmisch heraufblickt mit den Worten „Isch bin halt en Geläscheheits-aweider…" Es gab Stunden, in denen wir uns alle vor Lachen bogen.

Es ging bis in die Mathematik hinein: An der Tafel eine Figur, in der zwei angeblich parallele gerade Linien eine Rolle spielten, war in den Blick der Klasse genommen. „Parallel?" fragte ich den Rothaarigen, der wie vor einem Gemälde abschätzend dastand. Er schüttelte langsam den Kopf: „Nuffzus laafe se e bißche ausenanner!" (Statt: „Diese Geraden divergieren nach oben.")

In einer anderen Figur hatte ich selbst einen Kreis gezeichnet, freihändig und etwas schlampig (um wieder einmal wortlos zu betonen, daß es nicht die gemalte Figur ist, über die wir nachdenken, sondern die ideale). Der Mittelpunkt war nicht markiert: So sagte ich zu einem dicken Phlegmatiker: „Geh doch mal hin und zeig' den Mittelpunkt." Er griff gönnerhaft mit dem Daumen ins Innere des Kreises – mehr wegwerfend als aufgreifend – und verkündete brummig: „Hier zum Beispiel!" Das war alles in der NS-Zeit, wohl vor dem Krieg. – Die damals bei öffentlichen Äußerungen angebrachte Reserve beherrschten sie bis an die Grenzen. Einer fehlte. „Was ist denn mit dem?" fragte ich. Der Kleine wieder (unbewegt, monoton, Blick an die Decke): „Der is die Woch ineme Laacher." – Ich (unschuldig): „Was tun die denn da?" – Er (im gleichen Ton): „Da wern se geschliffe. Un dann misse se singe!" – Alle Gesichter wie abwesend, rundum.

Glückliche Stunde

Ich kann nicht sagen, daß es gerade die Schule war, in der ich mich unglücklich fühlte in den ersten Jahren der Diktatur.

Das Unheil lagerte außerhalb, meine Fächer boten keinen Anlaß, sich mit der herrschenden Ideologie merklich zu reiben. Es kümmerte sich auch kaum jemand um meinen Unterricht. Ich machte unauffällig, was ich wollte, soweit ich konnte, und das war immerhin genug.

Aus diesen Jahren erinnere ich mich, bisweilen in einer Verfassung gewesen zu sein, die wohl auch mancher andere Lehrer als eine seltene kennt, und überhaupt jeder, der mit Menschen zu tun hat.

Ich denke an ein Schuljahr, da ich die eine Klasse nicht im Hauptgebäude unterrichtete, sondern in einem kleinen Nebenhaus mit nur einem einzigen Raum. Ich mußte also vor Beginn der Stunde etwa zwanzig Schritte über den Hof und durch die Luft dorthin gehen, wo ich die Klasse wußte.

Es kam dann vor, selten aber unvergeßlich, daß ich in einem Zustand mich vorfand, der gänzlich verschieden ist von jenem, in dem man im allgemeinen „das Klassenzimmer betritt". Denn da denkt man ja nach: Was kommt jetzt dran? Man ist nicht mehr ganz im Bild, fühlt Unsicherheiten, ahnt Schwierigkeiten, spürt oft weder Kraft noch Lust, eine vielleicht laute oder nichtsnutzige Rotte zur Sache zu bringen; manchmal hatte man sogar Furcht. Jene Ausnahme-Verfassung nun, die mir gerade mit diesem kurzen Weg durch die Luft fest verbunden im Gedächtnis geblieben ist, läßt sich so beschreiben: Ich bin in einer weißen Wolke vollkommener Sicherheit eingeschlossen. Furcht ist nicht einmal vorstellbar. Ich bin nicht vorbereitet: das ist Vorbedingung. Und wenn ich versucht haben würde, kurz stehen zu bleiben und mich daraufhin zu sammeln, was jetzt nun eigentlich „drankommen" müßte, so wäre der ganze Gnadenzustand hingewesen. Aber man kommt auch gar nicht auf diesen Gedanken: man *weiß* nämlich: Es geht ja gut, was auch kommt. Die Fühlung mit der Klasse ist da, bevor man sie sieht oder hört: Der Einklang ist im voraus da, mit allem was auch kommen mag. Es liegt etwas Prophetisches in dieser Ruhe. (Nur gehört es dazu, daß man die Klasse einigermaßen „mag".)

Alles ergibt sich dann von selbst. Auf einmal habe ich, was mir sonst fehlt: Geistesgegenwart. Ich bin ganz frei von irgend einem Wollen. Nichts habe ich weniger im Kopf als ein „gezieltes Verhalten". Schon beim Hinübergehen über den Hof war nicht eigentlich ich es der ging. Es ging mit mir, es ging mir gut. Dann, als ich im Raum war, brauchte ich die Schüler nur flüchtig anzublicken, nur streifend (sechzehn waren es wohl) und sie mich und es geht los: Millo will was sagen, er bleibt gleich stehen. Herr Wagenschein, sagt er, lispeln tut er auch etwas, und spricht langsam: „ich-habe-da-eine Frage…"

Deshalb war mir später Simone Weils „Aufmerksamkeit" so leicht verständlich.

Seltene Stunden, aber es gab sie.

Aufatmen

Frühling 1945. – Der Krieg ist aus, die Freiheit gewonnen! Man steht zusammen unter grünenden Ruinen: Nun mußte auch die Schule ganz anders werden! Ein alter Kindertraum erfüllt sich: Die Schulen sind verbrannt! Ein alter Lehrertraum wird wahr: nach vielen freien Sommerwochen kommen einzelne Kinder aus der Nachbarschaft zu Lehrern in die Wohnung: sie wollen lernen! Noch stärker wollen lernen zurückflutende Soldaten, junge, vor dem Abitur ins Feld geschickte. Sie werden in Kursen aufgenommen. Ich helfe sie unterzubringen und dann zu unterrichten.

Der Glanz der Improvisation

Ende 1945: Fügung: Zweihundert Meter von unserem Haus entfernt – (unser Haus: zwischen drei alten Apfelbäumen, mit einem Wacholder, voller Vögel vorm Fenster, und einem Zimmer aus Lärchenholz, – draußen eine Thymiansteppe, wo heute (1982) Häuser stehen –) ganz nahe also bei diesem Haus, am Waldrand wieder einmal, entsteht eine staatliche Aufbauschule mit Internat. Man holt mich dorthin.

Ich erinnere einen überfüllten Saal mit etwa fünfzig ehemaligen „Kriegsteilnehmern", begierig auf Wissen und Denken. Vier Stunden Mathematik mit einer Pause dazwischen. Ohne Ermüdung, im freien Gespräch; so wie vor zwanzig Jahren in der Odenwaldschule. Mit Fragen, die weder früher noch später

51

wiederkamen. („Kann man zugleich lieben und Physik treiben?")

Das Gebäude: früheres Kinderheim, eng, schadhaft, ohne „Lehrmittel". Die Kinder: vom Lande und aus dem Osten; dazu heimgekehrte junge Soldaten. Ein Teil in dem kleinen Internat. Zusammengewürfeltes Kollegium, sich findend in dem Wunsch nach Änderung.

Der Glanz der Improvisation liegt über diesen ersten neuen Jahren. Eine zweite, pädagogisch schöne Periode.

Gut sich zu erinnern: Ein Berliner Schüler, auf dem Treppenabsatz rauchend angetroffen, erklärt kühl, munter und zutreffend: „Wieso? Ick habe hier noch keene Schulordnung jesehn!" Also beschlossen wir (1951, Jahre nach der Eröffnung der Schule) eine machen zu lassen, und zwar von den Schülern. Große und ernste Debatten in der „Schulgemeinde": Jede Klasse für sich verfaßt einen Entwurf und wählt dann zwei Delegierte in die gesetzgebende Versammlung, die wieder einen Primaner als Vorsitzenden bestimmt. Einige wenige Lehrer werden eingeladen zuzuhören. Ohne Stimmrecht. – Es war kein Spiel: Schön zu sehen, wie sachlich sie miteinander verhandelten und wie tolerant: „Mir kenne doch dem Herrn X des Rauche net verbiete, der braucht des doch!" Da nämlich die ganze Ordnung in der „Wir"-Form gefaßt war, Schüler *und* Lehrer umfassend („Wir wollen höflich miteinander sein"!), kam nun auch, fast vergessen, das Rauchen wieder dran. Es wurde gegen unser, der Lehrer, Erwarten und ohne jede Beeinflussung ganz untersagt („Wir rauchen während der Schulzeit nicht."). Was aber die rauchenden Pädagogen betrifft, so wurde nach langer grübelnder Debatte auf Vorschlag des Vorsitzenden der salomonische Satz aufgenommen: „Es bleibt den Lehrern überlassen, inwieweit sie es mit ihrer Erzieherpflicht vereinbaren können, während der Schulzeit zu rauchen." (Sie trafen sich dann im Chemieraum.) – Die Schulordnung enthielt auch den Wunsch nach „erzieherischen" Strafen, nach „Vertrauensschülern", „Vertrauenslehrern" und einem „Schülerrat", der, zusammen mit dem „Lehrerausschuß", bei Verstößen gegen diese Schulordnung dem „Lehrerrat" erzieherische

Konsequenzen vorzuschlagen hatte. – Der Entwurf passierte fast reibungslos die Lehrerkonferenz wie auch ein wohlwollendes Ministerium und bewährte sich in den folgenden Jahren in humaner und kameradschaftlicher Praxis aufs Beste.

Gut, sich zu erinnern auch an den jahrelang anhaltenden Schwung einer Theatergruppe: Umwandlung eines verlassenen Steinbruchs – gleich nebenan – in eine Freilichtbühne. Leidenschaftliche Aufführungen an Sommerabenden.

Gut, sich zu erinnern an unseren Versuch zu einer „Auflockerung der Oberstufe". (Siehe S. 63)

Rückblick in den Odenwald

1949 – also nur – oder schon – fünfzehn Jahre nach dem Untergang von Paulus' Pädagogischer Provinz, gab es in Mainz einen großangelegten Internationalen Pädagogischen Kongreß. Die Vorträge, fast auch meinen eigenen, habe ich vergessen. Geblieben ist:

Ein Film, den wiederzusehen ich seitdem immer wieder vergebens gehofft habe: Der strömende Wolkenhimmel in geraffter Zeit.
Ziehende Nebel wurden zu peitschender Brandung an einer Felswand. – Weiße Wolkenzungen stürzten sich wie Wasserfälle in die Täler. – Und unsere sommerlichen Cumuli, die sonst so ruhig durch das Blau schweben, flitzten wie riesige Segelschiffe in Rudeln hinter den Horizont.
Während die geschnellten Bewegungen von Menschen und Tieren nur albern wirken, konnte das übermenschliche Leben, das wir der Wolkenwelt schon immer verleihen, ein grandioses festliches Pathos gewinnen.

Ein Gespräch: Nachts schlief ich mit zwei deutschen Studenten in demselben Raum und erzählte ihnen im Dunkeln stundenlang, „wie das war" in dieser Odenwaldschule. Ich hatte das Gefühl, daß sie bald vor Staunen aufrecht in ihren Betten saßen: Alle Schularten vom Kindergarten bis zum Abitur. – Keine Altersklassen (aber Fachgruppen), also keine Versetzungen und Sitzenbleiber. – Keine Strafen (aber Konsequenzen) – Viel Freiheit (aber nicht „wovon" sondern „wozu"). – Keine Hausaufgaben (aber Handwerk, Musik, Sport, Gartenbau). – Niemals Angst und Wettbewerb (und, nicht trotzdem, sondern deshalb, eine außergewöhnliche Arbeitsfreude und -Intensität). – Freiheit der Fächerwahl (aber beraten) während einer Kursperiode von vier Wochen. – Keine Klingel, keine Kurzstunden, sondern: während dieser vier Wochen hat jeder nur drei gewählte Fächer, jeden Tag dieselben. – Kein Abgeneigter mußte, zum Beispiel, Mathematik nehmen. Er ließ sie mit Lust liegen und wählte sie, meist, nach einem halben Jahr von selber: „Es scheint ja doch ganz schön zu sein." – Klar, daß „Abschreiben" unter solchen Umständen sinnlos wird. – Selbstverständlich (aber 1910 revolutionär) Koedukation: Jungen und Mädchen, Große und Kleine, wohnten auf demselben Flur mit ihrem erwachsenen „Familienoberhaupt". – In der „Schulgemeinde" aller, geleitet von einem frei gewählten älteren Jungen oder Mädchen, konnte jeder sagen was er vermochte, und mitbestimmen.

Die Schlafkumpane wollten es nicht glauben und glaubten es schließlich doch. „Sagenhaft" fanden sie es, und fielen in ihre Betten zurück.

Aber es waren nicht nur Gute-Nacht-Geschichten, was ich ihnen da erzählt hatte. Als sie wieder lagen, habe ich ihnen vermutlich auch noch so etwas gesagt:

Gewiß läßt sich das nicht überall und schnell „einführen". Aber es genügt, um eine falsche Anthropologie des Kindes in Nichts aufzulösen, die behauptet, Kinder müßten zum Lernen gezwungen oder verführt werden: um dann, mit dieser Begründung, zu rechtfertigen: Wahnhafte Stoffhuberei, verwirrende Zeitzerstückelung, selbsttäuschende Quantifizierung schnell verfliegender Scheinleistungen. Damit: Zerstörung der ursprünglichen Lust am sachlichen Verstehen und gemeinschaftlicher Verständigung; statt dessen Erregung egoistischen Wettstreites.

Inzwischen hatte sich die Odenwaldschule wieder gesammelt und unter Minna Specht ihre alte Form wiederzufinden gesucht. Ich war mehrmals oben, zu Beratungen und Kursen, 1948 und auch 1949, im Jahr des Mainzer Kongresses. Notiz vom 10. 4. 49:

„Die Ober-Hambacher Landschaft überwältigt mich wieder. Nachts auf dem Balkon des Platon-Hauses. Der Frühlingswald unter dem Sternenhimmel. – Orion steht mit einem Bein auf der Flanke des Lindensteins – unablässig rauschend unter dem stetigen lind-kühlen Wind. Wo gibt es das noch? Oft wirkte diese Landschaft eingeschlossen und bedrückend. Aber in den Frühlingsnächten ist das weggenommen. Sie ist offen, sie blickt in den Raum. Das Abgeschlossene ist jetzt Vollendung. Nirgendwo eine Randstörung. Ein Gefäß, bis zum Rande gefüllt."

Fachleiter für Physik

1947 gab man mir das Fachseminar für Physik in Darmstadt. Es ist die einzige Funktion, um die ich mich jemals beworben habe, schon 1932, in der Hoffnung, dort durch die Odenwald-Erfahrungen etwas ändern zu können.

Aber diese Institution war und ist wohl das versteifteste aller Gelenke in der Ausbildung der Gymnasiallehrer.

Was ich jetzt vorfand, war kaum anders als ich es aus meiner eigenen Referendarzeit, etwa 25 Jahre zuvor, ungern erinnerte. Die Richtung die ich einzuschlagen suchte, stimmte schlecht überein mit der (durch die inzwischen hereingebrochene Katastrophe kaum erschütterte und, wie man meinte, bewährte) Mentoren-Tradition. Diese Spannung durfte nicht zu groß werden, um die Referendare nicht zu verwirren. Deshalb konnte ich wohl nur wenige nachdenklich machen. Nach sieben Jahren, als die Honorar-Professur in Tübingen einsetzte, gab ich das Seminar ab.

Der wachste Kopf unter meinen Referendaren war Walter Jung. Wir arbeiteten nach der Seminar-Zeit noch einige Jahre zusammen, in Traisa, im Schuldorf und bei Lehrplankommissionen bis er in Frankfurt die Professur für Didaktik der Physik übernahm. Wir hatten viele anregende Gespräche miteinander.

Ganz am Ende und am Rande dieser Fachleiter-Zeit entstand durch einen Vortrag über das Exemplarische Prinzip im Hauptseminar die Verbindung mit Horst Rumpf, damals Studienreferendar aus den Reihen der Geisteswissenschaften. Der Gedankenaustausch mit ihm wurde wichtig für uns beide und blieb es bis heute (1983). Er war jahrelang (mit Unterbrechung während seiner süddeutschen Jahre) fast regelmäßiger Gast meines TH-Seminars, wo er in vollendeter Weise die Rolle des Simplicio übernahm und durch seine unglaublich unbefangenen Rückfragen die naturwissenschaftlichen Studenten ermutigte, in sich ähnlich naive Einwände wieder locker zu machen, die sie im Laufe ihres Fachstudiums zu verdrängen gelernt hatten.

Schloß Heiligenberg

Es liegt auf dem Hang der Bergstraße bei Jugenheim. Dort im „Pädagogischen Institut" wurden bald nach 1945 Volksschul-Lehrer und -Lehrerinnen ausgebildet, noch nicht fachlich reduzierte. Die wohnlichen Räume des Schlosses gruppieren sich um einen Brunnenhof. Sie beherbergten eine einzigartige pädagogische Zelle unter dem taktvollen Schutze von Friedrich Trost. Es entstand eine freundschaftlich bewegte und pädagogisch erwartungsfreudige demokratische Gemeinschaft. Das Gebäude lag hoch genug am Himmel und tief genug unter Bäumen, um Wald und Wolken mitreden zu lassen, die durch die Fenster an den Seminaren teilnahmen.

Ich habe mehrmals erfahren können, unterhalb des Bewußtseins und damit intensiv, was es bedeutet, im Rahmen der Natur zu lehren, und im besonderen eine Naturwissenschaft (als welche ja Physik noch immer geführt, doch nicht immer gelehrt wird). In der Odenwaldschule vom Walde umgürtet, in Traisa vom Waldrand berührt: hier auf dem Heiligenberg schloß er sich wieder. (Später, im „Schuldorf Bergstraße", war er noch sichtbar.) Es war gewiß ein Mangel, daß es da oben auf dem Heiligenberg keine „Lehrmittel" gab, noch weniger als in Traisa. Aber ich konnte vergleichen:

Als man nach wenigen Jahren diese Gemeinschaft („romantisch und weltfremd", wie man Höheren Orts sie empfand) im Zuge einer übereilten und vermeintlichen Verwissenschaftlichung an die Universität Frankfurt schaffte und dort zerstreute: wenn ich vergleiche:

Dort, wo ich noch ein paar Jahre mitarbeitete, mit einem wackeligen Lift hinaufbefördert in den Oberstock eines alten schulhaften Gebäudes, dessen geschlossene Fenster die tosende Großstadt nicht verbargen, da hatte man zwar im Nebenraum jenen üblichen Einheits-Apparate-Park. Ich habe von dieser „Sammlung" fertiger Belehrungs-Geräte kaum Gebrauch gemacht, denn ich hatte längst bemerkt, daß mein Arbeitsfeld nicht oberhalb von ihnen lag, sondern darunter, in der Zone *zwischen* Naturphänomen und Belehrungsapparatur; für fast alle Erwachsenen, auch die Physik-Studenten, heute eine Zone der „verbrannten Erde". Sie ist für den Physik-Lehrer (im Sinne von Simone Weils „enracinement") wieder neu anzupflanzen, um dann erst jene Phänomene, wie Goethe sagt, „ins Experiment zu erheben", woraus dann die Apparaturen zu *erfinden* wären.

Wenn der Lehrer sich gezwungen sieht, diese Zone geschlossenen Auges zu überfahren und die Kinder schnell in eine apparative Welt zu versetzen, womöglich in einen jener fertig lieferbaren Betonbunker (fensterlos, mit Klimaanlage), auf dessen langer Theke käufliche Standardversuche aufgetischt werden, ... so darf er nicht glauben, „wissenschaftsorientiert" zu arbeiten. Anfangs, solang es nicht zu mathematisch wird, kann eine solche abgeschlossene Apparatewelt Kinder zwar interessieren. Aber es ist zweifelhaft, ob sie überhaupt bemerken, daß derartiges mit Natur zu tun hat, in Wald und Wolken,

Gewässern und Gewittern, die sie im Freien kennen, mit freiem Auge, offenen Ohren und mit bloßen Händen, also mit ihrer eigenen Natur?

Deshalb denke ich an die wenigen Frankfurter Jahre nur wenn nötig. Die Jugenheimer Erinnerungen dagegen stellen sich von selber ein:

Ich sehe den Innenhof des Schlosses mit seinem Brunnen, auf dessen dunklen Boden wir weiße Steine sinken ließen, bis sie, schräg betrachtet, farbige Ränder ansetzten. Wie Goethe es beschreibt.

Ich vergesse nicht, wie nach einer (wie ich meinte – hinreichenden) Aussprache über die Fallgesetze, eine junge Frau aufstand und mit entwaffnendem Ernst „noch eine Frage" stellte: „Aber, wie ist das mit den Vögeln?" – Ich verstand erst gar nicht, und niemand sagte etwas. Es war ein bedeutender Augenblick in meiner pädagogischen Ausbildung.

Vielleicht war draußen vor dem großen offenen Fenster, das auf die ferne Rheinebene sich öffnete, vielleicht war gerade vor den Augen der Fragenden ein Vogel aufgeflogen, als ob es keine Fallgesetze gäbe.

Technische Hochschule Darmstadt

Dagegen führe ich weiter bis heute (1983) den Lehrauftrag „für praktische Pädagogik" an der Technischen Hochschule Darmstadt, den man mir 1951 anbot. Denn es ist günstiger, in den Studiengang der Gymnasiallehrer *vor* dem Studienseminar einzugreifen, um das rein fachwissenschaftliche Denken früh genug zu durchsetzen mit dem pädagogischen, das auf eine *neue* Schule deutete, und nicht wie das Studienseminar auf Einordnung in die gerade bestehende.

Ich habe in Darmstadt immer völlige Freiheit gehabt. „Vorlesungen zu halten" kam mir nicht in den Sinn. (Dagegen lernte ich in diesen Jahren vor Erwachsenen intensiv vorbereitete Vorträge vorzulesen, mit folgender Diskussion.) Vor Studenten

58

kam ich immer nur für einige Minuten ins Dozieren, wenn ich ein Problem exponierte oder ein Ergebnis zusammenfaßte. Der Anblick der Gesichter trieb mich ins Gespräch, die wirksamste Form des Lehrens: Anreden, nicht „mitreißen", herausfordern; nicht drängen, sondern abwarten; kurz: *Führen durch Zurückhaltung* meiner selbst. So kam ich immer näher an Leonard Nelsons Sokratische Methode. – Die Themen wechselten zufallsbestimmt, immer vom Konkreten ins Allgemeine führend: exemplarisch. (Als man mich im Jahre 72 einmal fragte, was ich denn eigentlich so mache, gab ich folgende Andeutung: Pädagogische Anstöße: Befreiung vom Jargon des studierten Faches – Besondere Pädagogen (Makarenko, Korczak, Steiner, Geheeb, Neil, Scuola Barbiana, Illich). Kritik der öffentlichen Schule (Kenntnisverfall, Noten) – Didaktische Stichworte: Programmieren, Produktiv, Creativ, Genetisch, Exemplarisch, Sokratisch – Lektüre: Platons Menon, Galileis Discorsi, Nelsons Sokratische Methode; Anthropologie: Singh, Die Wolfskinder – Scuola per Todos in San Josè, Costa Rica – Mathematik: Gibt es eine letzte Primzahl?; Quadratwurzel aus 2; 6-Eck im Kreis; Axiomatik – Physik: Fallgesetze, Mondbewegung; Camera obscura; Rakete; Personen: Galilei, Kepler, Heisenberg, Weizsäcker, Heitler. – Nachdem sich danach ein „erziehungswissenschaftlicher Fachbereich" eingerichtet hatte, konzentrierte ich mich auf „Pädagogisierung elementarer physikalischer und mathematischer Kenntnisse".

Im Landesschulbeirat für Hessen

Aus den Jahren 1947 bis 1953 erinnere ich mich an zahllose Fahrten nach Wiesbaden (anfangs, ehe noch die Eisenbahnen richtig in Gang gekommen waren, mit meinem ehemals (1923) Wormser Direktor, nun Ministerialrat, in dessen Auto) zu diesem Gremium, einberufen vom Kultusministerium, finanziert und sogar verpflegt von den Amerikanern (die übrigens

Im Landesschulbeirat (In der Türe, die anderen sind schon da.) (1949)

streng vermieden, sich inhaltlich einzumischen). In diesen Zusammenkünften machten wir konkrete Zukunftspläne, eigentlich eine ganze Schulreform, mit viel Ernst und Hingabe. Ich traf Vertreter aller Schularten und Fächer; einige konservativ, als wäre nichts geschehen, die meisten auf lebhafter Suche nach dem Neuen. Ich machte Erfahrungen im Streit wie im Vermitteln, sah deutlicher als zuvor den Gegensatz zwischen den fach-gefesselten Gymnasiallehrern und der pädagogisch offeneren Mehrheit. Hart war der Kampf für die sogenannte „Stoffbeschränkung". Es gelang mir drei mathematische Ordinarien aus der Darmstädter TH zu gewinnen, mit deren Hilfe Empfehlungen zum Mathematik-Unterricht durchgesetzt werden konnten, in denen nicht nur, wie üblich, stand, was alles zu „bringen" sei (und möglichst noch mehr): Sie enthielten nicht gerade Verbote zwar, aber Empfehlungen, genau dieses und jenes wegzulassen. Es schien uns nicht zu genügen, nur zur Beschränkung zu raten, es war schon nötig zu sagen, wo bei dieser Durchforstung die Axt anzulegen wäre. Dasselbe, noch deutlicher geschah für Physik. So hatte ich einige Erfolge, auf unseren Papieren.

In diesen Auseinandersetzungen konnte man lernen, die eigene wie die fremde Position zu erkennen und in Worte zu fassen. Ein ständiger Anreiz für meine Lust am Schreiben. Ich schrieb viel auf, oft gleich danach, während der damals noch langen Eisenbahnfahrt. Daraus wurden Berichte und Vorträge und einige Teile der vielen grünen Hefte, die um 1949/50 unsere gesammelten Empfehlungen für alle Schularten und Fächer an die Öffentlichkeit brachten als „Hessische Beiträge zur Schulreform". Sie wurden an alle hessischen Schulen verschenkt: Wirkungslos.

Stärker war das Echo bei außerhessischen Pädagogen und Institutionen. So entstanden neue Verbündete. Man lud mich ein zu Vorträgen. Am liebsten ging ich in Felix Messerschmids Akademie in Calw. (Wo einmal ein Teilnehmer – es waren keine Physiklehrer – in der Pause bemerkt haben soll: „Där will uns myschtifiziere!" Weil ich gesagt hatte, man dürfe sich Elektronen nicht wie kleine „Dinge", nicht also so etwas wie kleine Erbsen, vorstellen.)

Aus dem Calwer Gymnasium gewann ich einen Bundesgenossen an dem Biologen Walther Klumpp, der dann auch am Tübinger Treffen von 1951 teilnahm.

Minna Specht

Als nach 1945 die Odenwaldschule wieder in alter Form erstehen sollte, holten frühere Kameraden und Mitarbeiter sie aus der englischen Emigration. Sie übernahm die Leitung (1946 bis 1951).

In den zwanziger Jahren engagierte Mitarbeiterin Leonard Nelsons, jetzt etwa 67 Jahre alt. Der feste helle Blick aus den tiefliegenden Augenhöhlen, die federnde Sicherheit ihres Auftretens, das bestimmte Sprechen: der Charme ihrer zierlichen Person war außerordentlich.

„Sind Sie zufrieden mit Ihren Mitarbeitern?" – „Ja, schon", sagte sie. „Nur: zu viele Frauen hier! Gebt mir Männer, und ich werde regieren!"

Ich war einmal zwei Monate als Gast oben und gab zwei Kurse. Der eine lief fast vier Wochen lang, täglich zwei Stunden lang, über nichts als „Achill und die Schildkröte", um aus dieser Geschichte die Grundbegriffe der Infinitesimalrechnung hervorgehen zu lassen, streng nach Nelson. Minna, die Mathematik verstand, saß dabei und strickte. Wenn die Nadeln stille hielten, hatte ich etwas falsch gemacht. Jedesmal gab es hinterher eine kritische Besprechung zwischen uns. Wir standen am Fenster dabei und guckten in den Wald. Ich habe viel von ihr gelernt. Umgang und Briefwechsel mit ihr hatten eine erfrischende Wirkung.

Sie arbeitete auch im „Landesschulbeirat für Hessen" mit. Ich erinnere mich an eine Sitzung in Wiesbaden, wie sie stehend eine zündende Rede hielt und dabei ein von ihr mißachtetes Pamphlet zur Schulreform mit einer grandios wegwerfenden Bewegung über die lange Platte des Sitzungstisches schlittern ließ.

Sie besuchte uns auch zu Hause, saß in der Sonne am Tomatenbeet und brachte dort das Schlagwort „Mut zur Lücke" zur Welt.

„...hier hängt alles von der Kunst ab, die Schüler von Anfang an auf sich zu stellen, sie das Selbstgehen zu lehren, (so) daß sie eines Tages

das Alleingehen wagen dürfen, weil sie die Obacht des Lehrers durch die eigene Obacht ersetzen ... Daß also der Lehrer nicht auf schnelle Zustimmung, sondern auf Einwände hofft, ja den Mut hat und die Ruhe des Sokrates, „die nach Wahrheit Suchenden in die Irre gehen und straucheln lassen. Ja ... sie in die Irre zu schicken.“

Leonard Nelson, 1922

Auflockerung der gymnasialen Oberstufe

Um 1950 erreichte der Gedanke einer „Auflockerung der Oberstufe“ Hessen. Ich weiß nicht mehr von woher kommend, ich glaube von Norden. Unsere Schule in Traisa war eines der drei Gymnasien, die das gern versuchen wollten. Mit dem Landesschulbeirat und dem Ministerium wurde es vorbereitet. Es war mir nach der Odenwaldschule nichts Neues.

Daß es bei uns mit Freude gelang, hatte wohl drei Gründe: Das gemeinsame Engagement von Lehrern und Schülern. Die Schule war klein. Jeder kannte Jeden.

Die Bescheidenheit der Fächerwahl: Das Schema von „Haupt“- und „Nebenfächern“ wurde gelockert. So konnte zum Beispiel Mathematik zwar nicht einfach „abgewählt“, aber zum „Randfach“ eingeschränkt werden von solchen, die ihre Beziehung zu diesem „Knochenbrecher-Fach“ verloren hatten (das andere war Latein). Ich hatte oft genug erlebt, wie mancher an ihm stürzte, nicht wegen Unfähigkeit, sondern weil er als ein bedächtiger Mensch auf den logischen Rolltreppen einmal außer Tritt geraten war, und dann noch Jahre ohne Sinn und Verständnis dabeisitzen mußte mit seiner sicheren Fünf.

Ich ließ mir (*nach* der Auflockerung) immer gerade diese „Schmalspur-Mathematiker“ oder „-Physiker“ geben, die dann in drei Wochenstunden voraussetzungslose aber darum eben wirkliche Mathematik noch schätzen lernten. Und es meldeten sich zu solchen Kursen nicht nur mathematisch Aussichtslose, sondern auch bisher einfach Uninteressierte. Manchmal fanden sie dann die verlorene Beziehung wieder. Denn hier durfte der Lehrer einen exemplarischen Themenkreis ganz frei aussuchen, während er als Leiter einer mathematischen Hauptfach-Gruppe leicht in Gefahr kam, sich der Imitation von Hochschulmathematik zu widmen. Es gab Jahresarbeiten und „fachübergreifende" Colloquia (etwa: „Was ist ein Gesetz?"), bei denen unter anderem ans Licht kam, daß die Fachlehrer sich die größte Mühe geben mußten, um den Kollegen von der anderen Seite verständlich zu sein. Höchst lehrreich für die Schüler.

Das Interesse der Schulbehörde war ernst und dankenswert (wie damals, fünfzehn Jahre früher in der Odenwaldschule). Aber für einen solchen, in kleinen Verhältnissen gelingenden Schulversuch wurde es auch gefährlich, als der Staat an ihm so viel Gefallen fand, daß er auf den Gedanken kam, diese kleine, allerdings primitiv untergebrachte Schule aufzulösen und als „Keimzelle" (wie es wohl hieß) in einen gewaltigen Gesamtschulkomplex hineinzunehmen, der ebenfalls in diesen Jahren geplant und gebaut wurde: eine große und wirklich schöne Anlage, in der Ebene zu Füßen des „Pädagogischen Institutes" (auf jenem Schloß Heiligenberg): Das „Schuldorf Bergstraße".

Obwohl wir gar nichts gegen diese Gesamtschulgründung hatten, uns beschäftigten eigene Pläne (auch Baupläne); wir waren abgeneigt überzusiedeln, wir wollten weitermachen, zumal Schulreformen von unten sicherer sind als die von oben. Wir fürchteten für die Kontinuität unserer lokalen Regungen in einem vergleichsweise riesigen, wenn auch modernen, so doch vorgeplanten und verwalteten Projekt. Würde das uns Verbindende sich nicht in dem neuen Organismus wirkungslos auflösen, wie es Implantaten oft ergeht? Unsere „Schulordnung" würde nicht mehr unsere sein können. Und das Schultheater, das den verlassenen kleinen Steinbruch mit Leben erfüllte? Es hatten sich Solidarität und Heimatgefühl entwickelt, das war es.

Aber konnte man das einer Behörde klar machen? Ich hatte bisweilen die Aufgabe, unsere Bedenken in Wiesbaden vorzutragen. Ein durchaus freundlicher Oberschulrat hörte sie geduldig an. Ich sagte:

„Aber bedenken Sie bitte: diese Schule ist doch in ihre Landschaft ... eingewachsen!" – Pause –

„Wie ... meinen Sie ... das?"

„Ich denke zum Beispiel an unser Schultheater, das die Schüler in dem ganz nahen ehemaligen kleinen Steinbruch selbst improvisiert haben..."

„Wir bauen Ihnen im Schuldorf ein neues, schöneres!" – Wir hatten kein Glück mit unseren Argumenten. Es waren pädagogische.

Als nichts zu ändern war, haben wir dann aber redlich mitgeholfen an der Planung und Einrichtung des Schuldorfes. Eine Freilicht-Bühne fanden wir vor, mit richtigen amphithetralischen Sitzreihen und flankierenden Plastiken. – Später wurde dann auch dort schönes Theater gespielt, zumal der junge Lehrer mitgegangen war, der das Schauspiel leitete.

Ich konnte nur noch wenige Jahre im Schuldorf mitarbeiten. Das Letzte dort, woran ich mich noch deutlich erinnere, waren schöne Kurse mit Schmalspur-Mathematikern oder -Physikern.

Die Tübinger Resolution (1951)

Wie diese Darstellung keine Biographie ist, so wenig kann sie eine Geschichte der Pädagogik unserer Zeit entwerfen wollen. Was ich aufschreibe sind nur meine persönlichen Anrührungen, so wie sie in einer turbulenten Wasserströmung ein mitgeführtes Stück Holz erlebt, ohne Überblick. Ich zeichne auf, was ich erinnere an Wurzeln, Antrieben und vor allem Ermutigungen meines Widerstandes. Die Odenwaldschule, die kurze Begegnung dort mit dem Mathematiker Otto Toeplitz (der an einer Genesis der Infinitesimalrechnung schrieb, wovon ich nichts wußte), die überraschende Zustimmung Max Plancks (1937) und jetzt (1951) das Einverständnis wieder eines Physikers, Carl Friedrich von Weizsäcker, mit meinen Physikplänen wie sie in den „Hessischen Beiträgen zur Schulreform" ihren Niederschlag gefunden hatten, seine Einladung zu dem von ihm, von Georg Picht und dem Physiker Walter Gerlach vorbereiteten „Tübinger Gespräch". Wie man weiß, formierte sich dort der von Gelehrten verschiedener Wissenschaften im Verein mit Pädagogen aufkommende Widerstand gegen das aus dem Chaos unerschüttert wieder aufgetauchte Schul- und Hochschul-Laster der (von Kerschensteiner schon Anfang des Jahrhunderts so genannten) „Stoffhuberei", der flüchtig ansammelnden Vielwisserei also, nicht nur innerhalb der einzelnen Fächer, sondern auch in der Häufung von Prüfungsfächern im Abitur. Man empfahl zur Lichtung dieses massiven Leerlaufes das „Exemplarische Prinzip" (von manchen auch „paradigmatisch" genannt): Beschränkung auf wenige wählbare Prüfungsfächer, zunächst in Versuchsschulen, die das Recht auf freie Lehrerwahl haben sollten. All dies war mir aus der Odenwaldschule, aus den Debatten des Landesschulbeirates und aus der Praxis der Schule in Traisa nicht nur vertraut, sondern selbstverständlich. Zum ersten Mal erlebte ich aus der Nähe das Zusammentreffen von unbeengt blickenden Fachgelehrten aller Disziplinen mit bisher nur namhaften, nun leibhaften Pädagogen. Spranger (mit Paulus befreundet; er zog wie ein großes Schiff vorüber) und Wilhelm Flitner (der schon 1933 in der Zeitschrift „Die Erziehung" meine ersten Aufsätze gedruckt hatte) sah ich nun zum ersten Mal. Zu Privatgesprächen mit beiden kam es erst einige Jahre später. – Unter den Schul-Leitern kannte ich schon Felix Messerschmid aus Calw und natürlich Minna Specht, die damals die Odenwaldschule regierte.

Mein Referat „Zur Selbstkritik der Höheren Schule", konvergierte mit Hermann Heimpels Vorschlägen zum Studium der Geschichte („Mundus in gutta").

Herausgelöst aus dem hessischen Rahmen, bestärkt durch so viele und, wie man meinen sollte, mächtige Verbündete, wurde mir jetzt klar, daß ich vor allem das Exemplarische Prinzip in einzelnen Themen in Angriff nehmen sollte, in Darmstadt, in Jugenheim und in unserer kleinen Schule in Traisa. Ich hatte es ja, wenn auch ohne diesen Namen, schon seit 1924 in der Odenwaldschule praktiziert.

Ein Blick zurück und voraus

Zwanzig Jahre zuvor, in der Odenwaldschule, hatten wir noch nicht das Wort „Exemplarisch"; wir sagten „Repräsentativ" und meinten dasselbe.

Ich blättere im Heft Oktober-November 1931 unserer Schul-Zeitschrift „Der Neue Waldkauz". Thema: „Lehrziele und eigene Reifeprüfung der Odenwaldschule". Motto: „Narrenpossen sind eure allgemeine Bildung und alle Anstalten dazu. Daß ein Mensch etwas ganz entschieden verstehe, vorzüglich leiste, wie nicht leicht ein andrer in der nächsten Umgebung, darauf kommt es an" (Goethe, Wilhelm Meister). Damit meinten wir, wie Goethe, keineswegs Spezialistentum.

In diesem Heft berichtete ich über unsere Entwürfe für eine eigene Reifeprüfung und unsere Verhandlungen darüber mit dem Hessischen Ministerium. Ich zitiere auszugsweise und unterstreiche einige Worte *heute* (1982):

„Jeder Kamerad sollte seine Hauptarbeit in den Unterrichtsfächern leisten, für die er Interesse und Begabung hat. *Je mehr er dabei in die Tiefe geht, desto weniger kann er sich eng auf diese ,Leistungsfächer' beschränken;* andere, ,zugeordnete Fächer' werden sich ... angliedern. Einige ,Randfächer' werden gar nicht berührt werden.

Diese Freiheit der Wahl kann natürlich erst einsetzen, wenn eine gewisse Reifestufe erreicht ist. Es wird selbstverständlich vorausgesetzt, daß auch die ,unangenehmen', die ,Randfächer' bis zu einem gewissen Mindesmaß bewältigt worden sind. ...

Jeder Kamerad wählt sich also wenige Jahre vor der Abschlußprüfung ... ein oder zwei Leistungsfächer und einige zugeordnete Fächer, auf die er die Arbeit der letzten Schuljahre möglichst ausschließlich konzentriert ...

Die Zahl der Prüfungsfächer (im Abitur) soll nach Möglichkeit beschränkt und um die Leistungsfächer konzentriert werden. In den Leistungsfächern wird eine besondere Leistung erwartet. Für das Leistungsfach soll der Kamerad möglichst eine selbständige größere Arbeit vorlegen (,Jahresarbeit') ...

Die mündliche Prüfung wird zusammenhangloses Abfragen vermeiden. Sie geht in jedem Fach von einem *repräsentativen* Teilgebiet aus, in dem der Kamerad besonders vertieft gearbeitet hat."

Später unter „Arbeitsziele": *Physik* (S. 157)

„... ist verbindlich für alle Abiturienten als die exakteste und für viele andere (Wissenschaften) mit *Recht und Unrecht vorbildliche* Naturwissenschaft, unentbehrlich für jeden, der in das geistige Leben unserer Zeit eindringen will...

Die moderne mathematische Naturwissenschaft *ist nicht die einzige mögliche Art der Naturbetrachtung* (vgl. Goethe). Um Kinder, deren seelischer Struktur sie nicht adäquat ist ... nicht

68

von vornherein von der Naturbetrachtung überhaupt auszu-
schließen, um ferner Anderen die *Bedingtheit* unserer (mathematischen) Naturansicht bewußt zu machen, denken wir uns für
Alle eine gemeinsame Grundlage (‚Unterstufe‘), die aus einer
gesamtunterrichtlichen Naturlehre, ebenso wie die Mathematik, sich herauslöst nach möglichst unmathematisch und *phänomenologisch* verfährt..."

Diese Vorschläge beruhten auf den positiven Erfahrungen
vieler Jahre. Eine wesentliche Voraussetzung: keine Beurteilung in Form von Zahlen, und damit keine Verführung zu
unsachlichem Wettbewerb. Wir glaubten schon recht deutlich
zu sehen, welcher Weg zu einer humanen und leistungsfähigen
Schule führen könnte. – Nach diesen Entwürfen konnten noch
einige Prüfungen realisiert werden. Das Jahr 1933 setzte ein
Ende.

Niemand konnte damals (1931) ahnen, auch zwanzig Jahre
später in Tübingen (1951) nicht, daß nach wieder etwa zwanzig
Jahren eine „mißratene" Reform die öffentliche Schule der
Zwangsidee ausliefern könnte, Unmeßbares als exakt Meßba-
res zu mißhandeln. Damit mußte die *sachliche* Fächerwahl und
die persönliche Leistung zum Konkurrenzkampf um Noten
ausarten. Unaufhörliche „Leistungs"-Messung machte die Leistung zum Phantom.

Folgen

Der Tübinger Vortrag hatte seine Beispiele daher genommen,
wo ich Bescheid wußte, vom gymnasialen Unterricht in Physik
und Mathematik. Physiker (Weizsäcker und Gerlach) hatten
mich eingeladen, und von meiner Darmstädter Technischen
Hochschule war der Mathematiker Curt Schmieden dazugesto-
ßen: Von den exakten Wissenschaften gab es also nur Zustimmung. Und von den „Anderen", den „Geisteswissenschaftlern"
erst recht; sie erinnerten sich vermutlich ihrer Schulzeit, als ich

sagte: „… ich übertreibe nicht, daß – von Ausnahmen abgesehen – bei den noch geltenden Lehrplänen, der Mathematikunterricht darauf hinausläuft – und tragischerweise wider Willen und unter großen Mühen von Lehrern und Schülern – den Kindern die Begegnung mit der Mathematik zu *verbergen*".

Wieder zu Hause hatte ich also keine Bedenken, denselben Vortrag in dem von Curt Schmieden und dem Philospohen Karl Schlechta geleiteten Philosophisch-naturwissenschaftlichen Kolloquium zu wiederholen (einer sehr geschätzten öffentlichen Veranstaltung der Technischen Hochschule Darmstadt in diesen Jahren, besucht von Studenten, Professoren, Gymnasiallehrern und Bürgern). Der Vortrag wurde auch hier gut aufgenommen, aber einige Gymnasialphysiker, mir privat ganz wohl gesonnen, ließen mich merken (in der Straßenbahn etwa) das sei denn doch ein „Angriff auf die Höhere Schule". Sie hatten sich eingewöhnt. In zehn Jahren, sagt man, ist es geschehen. Hätte ich, ohne Odenwald-Erfahrungen, mich schließlich auch darein gefunden? Ich kann es nicht wissen, aber glauben kann ich es auch nicht.

Ein Jahr später in Hamburg, eingeladen vom „Institut für Lehrerfortbildung", wählte ich das Thema enger und ins Positive gewendet: „Das exemplarische Lehren als ein Weg zur Erneuerung des Unterrichts an den Gymnasien (mit besonderer Beachtung der Physik)". Auch hier: Die Gruppe der gymnasialen Physiklehrer zeigte sich betreten und sehr abweisend. Ich mußte mich also wohl noch viel deutlicher begründen.

„Die pädagogische Dimension der Physik"

Das fand auch Wilhelm Flitner. Auf einem Abendweg – nach jenem Vortrag – durch Hamburgs Straßen redete er mir zu, meine Vorstellungen über Physikunterricht in einem Buch zu sammeln.

Ich schrieb neun Jahre daran, bis 1961; Jahre vielseitiger Angespanntheit; langsam, mit der Freude und der Mühsal des Schreibens.

Daß ich dabei blieb, verdanke ich der so intensiv wie taktvoll anhaltenden Ermunterung durch Albert Holfelder, dem Lektor des Westermann-Verlages. Daß ich auch einmal wieder aufhörte – denn das Thema schien unbegrenzt; ich schrieb nicht linear sondern umkreisend – ist das Verdienst von Werner Loch, damals Assistent in Tübingen. Er half ein Ende zu machen und fand den Titel.

Holfelder tat viel mehr und anderes als einer, der gelegentlich anfragt, wie weit man denn sei. Er war mir Verbündeter, Gesandter, Kundschafter, Berichterstatter, Berater, als ginge es um seine eigene Sache. Es *war* seine Sache, *eine* seiner Sachen. Fast immer auf Reisen; Pädagogen suchend, fördernd, miteinander verbindend, besuchte er mich oft. Nicht weniger erquickten seine ganz zur Sache gewandten witzigen, ja geistreichen Briefe. Sie belebten mich in ähnlicher Art wie die Korrespondenz mit Minna Specht und Tania Ehrenfest-Afanassjewa. Ich antwortete meist sofort mit Vergnügen. – Sein Leben, das sich in Schaffens-Aufschwüngen und -Erschöpfungen vollzog, endete im Mai 1968 durch einen Herzinfarkt. – Seiner pädagogischen Leidenschaft verdanke ich Geduld, Hilfe und Schutz. Ich vermisse ihn bis heute. Dabei kann man nicht sagen, daß wir befreundet waren. Es war eine schöne verbindende Distanz zwischen uns.

Aufwind

Die Zeit um 1955/1956 läßt mich zurückblicken auf das erste Jahrzehnt nach dem Kriegsende, und staunen darüber, wieviel Hilfe von außen mir zukam und meinen Antrieb belebte, zur Veränderung der Schule das meine zu tun. Als Physiker (der man ja immer ein wenig geblieben ist), glaubt man Kausalitäten zu erkennen, der Pädagoge (als welchen man immer mehr sich selbst verstand) spürte etwas wie Führung.

Die Odenwald-Erfahrungen waren zeitlos immer dabei, zwanzig Jahre durchscheinend, die Zeit der Diktatur gleichsam untertunnelnd. Das lange Verweilen an einer Quelle, deren Rauschen mir später draußen in der Welt nie verklungen war, bildete den Grundton, an dem alles Kommende sich abstimmte. So konnte er sogar diese zwölf Jahre aushalten, und als es wieder hell wurde, nur verstärkt nach Verwirklichung rufen. Pädagogik als Lebensraum und die Freiheit des Lehrens, das hatte ich erfahren. Welch eine Gunst, auf solche Weise Pädagogik studieren zu dürfen.

Unmittelbar danach und weiter bis in dieses jetzt angeschaute Jahrzehnt hinein, ist mir Otto Friedrich Bollnow anhaltend hilfreich gewesen, nachdem er eine kurze Zeit mit mir zusammen in der Odenwaldschule gearbeitet hatte. Bis dahin Physiker (Mitarbeiter Max Borns und Eddington-Übersetzer) erlebte er dort seinen Umschwung zur Philosophie und Pädagogik. So verstand er mich doppelt, und hat mich dann später jahrelang immer wieder bestärkt, indem er mich (nach seinen eigenen späteren Worten) „beharrlich bedrängte, was in Ihrem Unterricht lebendig war, auch in Aufsätzen zu veröffentlichen." Die ersten Versuche erschienen in den letzten Odenwaldjahren und gleich danach in Wilhelm Flitners Zeitschrift „Die Erziehung".
In jenen zehn Jahren nun, als schon 1951 ein richtiger Physiker, C. F. von Weizsäcker mir sein Interesse zuwandte, gab es erst einmal auf der pädagogischen Seite eine Stockung. Nur Bollnow gelang es nach jahrelang vergeblicher Bemühung, Hermann Nohls Argwohn gegen „Naturwissenschaftler" aufzulösen. Das geschah durch meinen Aufsatz „Das große Spüreisen". Eine Postkarte Nohls brachte einen schönen Mädchenkopf und die Mitteilung, daß er diesen Beitrag in seine, die maßgebende pädagogische Zeitschrift „Die Sammlung" aufnehmen werde (Aprilheft 1951). Daneben der interessante Zusatz, mit dem er sich gleichsam entschuldigte: „Sie sind ja ein Dichter!" Ich hatte nichts gegen die – zum Glück private – Übertreibung, zumal Nohl von nun an alles nahm, was ich ihm schickte, auch das Nicht-„Diehterische". Damit eröffnete er mir ein Organ, mit dem ich mich verständlich und bemerkbar machen konnte. Wenigstens den Pädagogen. (Physiker lasen damals keine pädagogischen Zeitschriften, und umgekehrt.)

Das blieb auch so, als nach Nohls Tod eine „Neue Sammlung" entstand; in ihr war ich dann 7 Jahre lang Mitherausgeber und durfte mich auch später von der Schriftleiterin Heidi Gidion immer ganz verstanden fühlen.

So hat das große Spüreisen viel ausgerichtet. (Und es sollte bald noch mehr anrichten, indem es allmählich die Physik*lehrer* auffand und aufregte.)

Aber erst einmal errichtete sich das zweite meiner Wegzeichen außer Geheebs Schule, das „Tübinger Gespräch" von Herbst 1951: Ich war zu bedeutenden Verbündeten gestoßen: Physikern und Pädagogen, und alle in Person. Vorher kannte ich nur die Schriften Ernst Mach's, der schon lange nicht mehr lebte, dann, schon aus seiner eigenen Hand zwei Briefe von Max Planck. Jetzt erschienen zwei Physiker leibhaft, Weizsäcker und Gerlach, wie auch die Pädagogen Spranger und Flitner. Nohl hatte mich gerade in seine „Sammlung" aufgenommen, Litt schrieb mir Postkarten. Auch diesen beiden sollte ich bald noch persönlich begegnen.

1953 erschien mein kleines Buch „Natur physikalisch gesehen". Sein Titel deutet an, daß Physik eine bestimmte *Sehweise* voraussetzt (neben anderen), und also nicht einfach ein *„Abklatsch"* der Natur ist (wie Litt drastisch betonte), sondern ein „Bild". An diesem Buch hatte ich schon lange geschrieben. Es fand die Anerkennung aller die ich nannte und viele sympathisierende Besprechungen auch von Schulleuten.

Von allen hat mich wohl ein Brief Sprangers am meisten beflügelt. Wie sollte er nicht!:

„... diese vier Bogen, auf denen Wissenschaftsgeschichte, Psychologie des Didaktischen und Ethos der Forschung in einer wunderbaren Verwebung erscheinen, haben mich alten Mann in einer Weise von innen heraus belebt, als ob ich von einem Zauberstab berührt worden wäre. So etwas kann also der Physiker am Geisteswissenschaftler bewirken – so daß dieser sich fühlt ‚wie ein wachsend Ergriffener und Ergreifender' (S. 7). Sie sprechen daher mit Recht von religiösen Hintergründen im Suchen und Tun des Naturforschers (S. 15)...

Ich finde methodisch-didaktische Prinzipien, die ich in dem bekannten Buch meines verewigten Freundes Kerschensteiner gelesen habe, hier auf das feinste durchgeführt, nicht wie dort: von Denkmethoden, sondern von lebendigen Begegnungen mit der Natur her. Ich finde Material für meine Hoffnung, daß es im Bereiche der Physik ‚Urphänomene' gibt, die schon die Schule in ihrer ganzen Wucht schauen lassen, so daß wir wirklich über den ‚Vollständigkeitswahn' unserer Zeit (S. 56) hinauskommen."

So glaubte man damals schon – damals noch – hoffen zu können.

Um 1955 übrigens erschien ein zweites noch schmaleres Buch „Die Erde unter den Sternen" [3], seltsam anmutend heute, mich selber; jugendlich im Stil, mit eigenen Zeichnungen, begonnen schon 1943. Eine durch lange Zeiten hingezogene schöne Arbeit, die mir in den letzten Jahren des Krieges ein Trost gewesen war. Das kleine Buch fand in einigen Auflagen nicht wenige Freunde bis es 1969 erlosch. Die Lehrerstudenten waren am Himmel nicht mehr interessiert.

Um 1955 gab es einen Kreis, der das exemplarische Prinzip in Zeitschriften und Büchern diskutierte, die Oberstufenreform ausprobierte und Versuchsschulen plante. Der Hessische Staat machte mit. 1955 verlieh er mir die „Goethe-Plakette" des Hessischen Kultusministers. Es gab Anfragen, ob ich nicht dies oder jenes werden wolle. Aber wie sehr hätte mich die Leitung einer großen Schule oder ein Ordinariat von meinem Thema abgelenkt! Und als 1953 der hessische Kultus-Minister die Leitung des entstehenden großen „Schuldorfes Bergstraße" mir hatte zutrauen wollen, schrieb ich ihm: „Ich sehe – und mehr noch sehen es andere, die es mir sagen, –, daß ich einen ganz bestimmten Auftrag habe. Er kommt unmittelbar aus dem praktischen Unterricht, und zwar aus dem physikalischen. Sein Ziel ist aber nicht fachlich im engeren Sinne. Er gilt der Humanisierung der mathematischen Naturwissenschaft, ihrer In-Eins-Setzung mit den künstlerischen und religiösen Grundkräften des Menschen."

Doch die Honorarprofessur in Tübingen, von 1956 an, ein Lehr-Auftrag ohne Macht und voller Freiheit, konnte ich annehmen, wenn auch schweren Herzens. Ich verlor die Kinder. Aber ich würde Zeit haben zu schreiben.

Tania Ehrenfest-Afanassjewa

Wenige Jahre nach dem Briefwechsel mit Minna Sprecht folgte ein nicht weniger anregender mit der noch älteren, höchst lebendigen Tania Afanassjewa in Leiden, Russin. Ihr Mann war der bekannte Physiker Ehrenfest gewesen. Mathematikerin und zugleich Pädagogin von Geblüt. Eine, wie mir schien, in Holland häufigere Mischung als bei uns. Manche solcher Auslandsbeziehungen sind entstanden, durch die weltweiten Nachwirkungen der Odenwaldschule. Ein früherer Mitarbeiter, der 1924 gleichzeitig mit uns dort angefangen hatte, Otto Reckendorf, war nach Holland emigriert und machte mich mit Tania bekannt. Unser Briefwechsel dauerte von 1953 bis zu Tanias Tod, 1967. Sie lud uns auch ein zu einer Tagung, bei der uns auch Hans Freudenthal begegnete.

Sie schrieb humorvolle, warmherzige Briefe zu den Kuriositäten und Problemen des mathematischen Unterrichts. Sie erquickten mich und entzündeten sofort die Antwort. Wir waren uns recht einig.

Aus ihren Briefen:

„Meine Meinung ist, daß eine Frage, worüber man niemals nachgedacht hat, das meist fördernde Lehrmittel ist.

Hast Du bei Mondschein spaziert? – Ja. Mevrouw. – Hast Du bemerkt was der Mond tut, wenn Du läufst? – Er läuft mit. – Wie erklärst Du es? – Es ist weil die Erde dreht? Aber sie dreht doch wohl, Mevrouw? – Und was geschieht, wenn Du stehen bleibst? – Ja, dann dreht die Erde auch – Also? (keine Idee...)

Eine Frage, auf welche eine Malerin, die in der Akademie auch Perspektivlehre absolviert hatte, nicht antworten konnte: Warum werden die Dinge kleiner, wenn wir uns von ihnen entfernen? Und in mehreren Fällen von Gruppen von (nicht sehr entwickelten) Menschen und Kindern unter anderen dieselben Antworten: ‚Weil die Erde rund ist, denn, wissen Sie, das

Schifflein ...' – ‚Weil die Luftschicht zwischen uns und dem Gegenstand dicker wird ...'

Ich habe bemerkt, daß es neben der ‚Frauenlogik' – dem Urteilen auf Grund unanalysierter (aber oft richtiger) Eindrücke – auch eine ‚Männerlogik' gibt, die darin besteht, daß der Mensch (und als Bahnbrecher in dieser Richtung ist es eben der Mann) sich durch Formeln mitschleppen läßt, ohne zu untersuchen, was diese Formeln eigentlich bedeuten. – Der ganze gegenwärtige Mathematikunterricht ist auf Männerlogik aufgebaut."

Alexander Israel Wittenberg

Ihr, Tania, verdanke ich auch die Verbindung mit dem jungen Mathematiker A. I. Wittenberg.

In frühen Jahren mit den Eltern aus Rußland in den Westen ausgewandert, hatte er in Zürich studiert, und war, als unser Briefwechsel einsetzte, gerade dabei, nach einer Lehrtätigkeit am Gymnasium von Winterthur, einen Ruf an die Universität Québec anzunehmen. Nicht lang danach folgte seine Professur in Toronto.

Sein Lebensweg, auf dem er seine vier Sprachen einsammelte, wohl auch eine alte Familien-Kultur, schloß für ihn jede fachliche Beschränktheit aus. Dazu kam seine Erbitterung über das Versagen der deutschen sogenannten Gebildeten und damit des deutschen Gymnasiums während der Diktatur. Das Ziel des Gymnasiums, wie es ihm vorschwebte, ist eine elitäre Allgemeinbildung, in welcher sein Fach, die Mathematik, nicht professionelle Routine einzubringen habe, sondern „die Begegnung mit der Wahrheit."

So mußte ihm mein Satz gefallen: „Wir haben nicht Physiker vorzuschulen, sondern Menschen zu bilden, so daß einige auch Physiker werden können." Zwar dachte ich nie an „Elite". Aber im Grunde erkannten wir einander bald als natürliche Verbündete. Auch er warnte vor verfrühter Fachsprache im Unterricht und griff scharf die Einmischung der „New Math" in die Lehrpläne der Schulen an, und er wußte als Mathematiker ja besser als ich, welche Mächte da eingriffen. – Auch er stützte sich auf gründliche, exemplarisch-genetisch entwickelte „Themen-Kreise".

Seine Existenz bestärkte mich ungewöhnlich. Gewohnt zwar, bei einigen, meist älteren Mathematikern gelegentliches Interesse und Sympathie zu finden, hatte ich auf einmal einen jüngeren, und auch „richtigen", Mathematiker neben mir, der nicht beiläufig, sondern mit seiner ganzen persönlichen Intensität auf eine *Änderung* aus war. Was uns vereinte war auch, daß jeder von uns vor der Vollendung seines grundlegenden Buches stand. Wittenbergs „Bildung und Mathematik" erschien 1963, bei Klett kurz nach meiner „Pädagogischen Dimension der Physik" [4], bei Westermann. Auch mit denselben Gegnern hatten wir zu tun.

Immerhin kam es später so weit, daß wir beide als Träger einer bestimmten, einer dritten Richtung der deutschen Mathematik-Didaktik aufgeführt wurden. – Aber Wittenbergs Buch hat die erste Auflage nicht überschritten, wahrscheinlich hat es die in Erfahrung resignierten Mathematiklehrer verletzt durch den jugendlichen Enthusiasmus und die Schärfe seiner Kritik. Sie gipfelte in dem Satz: den ich am Ende des Kapitels „Der große Wurf" anführe. Dieses sein Urteil sagte ja:

Der herkömmliche Mathematik-Unterricht überlebt durch seine Mißerfolge: Der großen Mehrheit seiner Schüler flößt er nicht Einsicht ein, sondern Einschüchterung. Als Erwachsene werden sie ihn nicht kritisieren. (Denn Einschüchterung schließt Bewunderung nicht aus, freilich die falsche, nicht jene die aus der Einsicht kommt.) So kann der Mathematik-Unterricht nicht leicht gesund werden.

Hätte nicht der Tod Wittenberg so früh überrascht (er starb 39jährig in Toronto 1965) – vielleicht hätte unser Bündnis etwas ausrichten können gegen den pädagogisch törichten und verlustreichen Einbruch der sogenannten „Mengenlehre" in die frühen Schuljahre. (Siehe Kapitel „Der große Wurf" dieses Buches.)

Wittenbergs früher Tod ist für die Entwicklung des Mathematik-Unterrichts in den Gymnasien ein unwiederbringlicher Verlust. Mir selbst bleibt der Dank für seine Existenz und eine anhaltende Stärkung.

Gegenströmung

Die vielen, mit denen ich mich einig fühlte, waren wenige, gemessen an den meisten, die nichts ändern wollten. Ende 1951 hatte ich einer alten Freundin (noch aus der Odenwald-Epoche), die aus der Schweiz aufmerksam herüberblickte nach dem, was ich nun triebe, geschrieben: „So lebe ich in einer pädagogischen Untergrundbewegung. Denn im Großen leben wir in einer furchtbaren Restauration". – Und auf einer von Litts Postkarten, etwas später, stand der Satz: „Alles kommt wieder."

Widerstand war zu erwarten aus der Ecke, aus welcher ich kam, und die ich deshalb genauer kannte als die meisten Hochschul-Pädagogen dieser Zeit: Ich wußte, was im mathematisch-naturwissenschaftlichen Unterricht der Gymnasien (der „Höheren Schulen" wie sie damals noch hießen) *innen* geschah, und was herauskam: eine spaltende Wirkung: einige wenige fachlich Begeisterte, die Mehrheit aber durch Unverstandenes eingeschüchtert. Die meisten Lehrer waren sich dessen nicht bewußt und konnten es also nicht glauben.

Gegen Neuerungen überhaupt mußte sich die Gruppe der ausschließlich fachwissenschaftlich geprägten Gymnasiallehrer wehren, und die Physiker besonders. Nach einem bisweilen hochwertigen (aber gar nicht auf Schule zielenden) Fachstudium waren sie pädagogisch eigentlich schon nicht mehr ansprechbar und glaubten in der Systematik und „Strenge" ihrer Wissenschaft Erzieherisches schon genug zu finden, um aus dem gewohnten fachinternen Hochschul-Lehrstil durch ein leichtes Hinunter-Transformieren eine Schul-Didaktik ableiten zu können. „Pädagogik" sahen viele von ihnen als ein aufweichendes

Element, das die scharfen Höhenzüge ihrer exakten Wissenschaft zu erodieren drohte. Freiere Fächerwahl auf der Oberstufe erschien als Nachgiebigkeit, exemplarisches Lehren als Verzicht auf Systematik. – Offenbare Mißverständnisse. Sie kamen zum Ausdruck in den (internen) Berichten der jährlichen Tagungen der naturwissenschaftlichen Fachleiter zwischen 1958 und 1963. (Ich gehörte nicht mehr dazu. – Die Mathematiker übrigens verhielten sich recht freundlich, und die Biologen luden mich sogar schützend ein.) Der Widerspruch kam von Physikern.

Die Empfindlichkeit gegen gerade meine Vorschläge entzündete sich am „Genetischen Prinzip". Es wurde verstanden als eine Verweigerung des Fortschritts, ein „Steckenbleiben" im Überholten: „im Historischen", in der Muttersprache, in der animistischen Rede. Diese Fehldeutung wurde zuerst hervorgerufen durch einige meiner Aufsätze in der „Sammlung".

Diese Aufsätze waren in den Augen damals führender Schulphysiker rätselhaft und aufbringend. Wie konnte jemand, der nachweislich in Physik promoviert hatte, unter dem absurden Titel „Das große Spüreisen" so reden: „Unsere Drehschaukel hat es sich nicht leicht werden lassen, ihren Frieden zu finden", wo es sich doch nur um eine große Magnetnadel handelte! Statt gleich zu sagen: „Dies nennt man eine gedämpfte Schwingung."

Ein früherer Student und Diplomphysiker hat mir einmal seine vorübergehende Reserve zu diesen Aufsätzen beschrieben: „... mit Ihren Schriften und Aufsätzen hatte ich am Anfang Schwierigkeiten. Was will der eigentlich? Warum macht der literarische Ausflüge, wann kommt der zur Physik, zur Sache?"

„Ausflüge": Als solche mußten sie dem als *Nur*-Physiker erzogenen Studenten erscheinen: als führten sie von der Physik weg. In Wahrheit sind sie an den Lehrer gerichtete, Aufklärungsflüge über dem im üblichen Unterricht vergessenen, übereilten Gebiet zwischen Phänomen und Belehrungsgerät, Natur und Labor, Empfindung und Begriff, Muttersprache und Fach-Terminologie. Sie *dienen* den *Ein*flügen der Schüler *in* die Physik, durch diese Grenz-Zone; die *breit* ist. Ihre Kenntnis erst macht den Lehrer fähig, dort den Schüler abzuholen, wo er steht und „wartet": bei den Phänomenen.

Die „Sammlungs"-Aufsätze entstanden aus innerer Notwendigkeit, um mir selbst und anderen deutlich zu machen, *wie* breit diese Zone ist und, psychologisch gesehen, wie „tief", wie sehr sie noch nicht Physik ist, aber unumgänglich auf dem langen Wege zu ihr hin.

Diese Texte reden von dem, was im Menschen vorgeht, der aus dem unbefangenen Anschauen der Naturdinge *allmählich*, also verstehend, hineinfindet in die physikalische Sehweise. Sie wollen sagen, daß das bloße Hinkommen im ausschließlich intellektuellen Eiltempo der Schulen für die meisten nicht *wirklich*, sondern nur als Bruchlandung stattfindet, das heißt: mit einer Bewußtsein-Spaltung erkauft wird (von der die gute Note im Zeugnis nichts weiß und nichts sagt).

Ich „wählte" also nicht die „literarische" Form. Ich versuchte nur (und gerade das mußte den puren Physiker am meisten befremden) *genau* zu beschreiben, aus welchen Gründen Physik aufsteigt, wenn man dem Phänomen hingegeben, es „aufmerksam" ernst nimmt; aber im Sinne von Simone Weil („vor allem soll der Geist leer sein, wartend"). Wie also aus der unbefangenen und unmeßbaren Sinnes- und Stimmungs-Welt dank verwunderlichen Anlässen (so etwa diesem unaufhörlich scheinenden Schwingen jenes „Spüreisens") die physikalischen Begriffe sich *notwendig* herauskristallisieren (wie der Rauhreif aus dem Unbestimmten, das ihm vorausgeht).

Manche der Fachleiter argwöhnten, diese meine Betrachtungen seien Unterrichts-Beschreibungen. Wie aber würde ein Unterricht *wirklich* aussehen, geführt von einem Lehrer, der jene Übergangs-Zone *achtet*? Ich wähle wieder das „Spüreisen", das ja bei mir einmal im Unterricht drangekommen sein muß, vermutlich in Darmstadt. Ich habe keine Aufzeichnungen. Wahrscheinlich haben die Knaben mit mir herumgestanden um unsere Drehschaukel, meist schweigend, versunken, guckend, wie die gar nicht aufhören will. Dazwischen Rufe, etwa: „Die kanns net losse!" (nämlich immer wieder über's Ziel hinauszuschießen; ein Ziel hat sie, das sieht man). Und zuletzt (aufatmend, sich aufrichtend, einander ansehend): „Ewwe isses so weit!" oder „Ewwe hat se ihr Ruh'!"

Und welch einladender „Einstieg" zum Begriff der „Trägheit" ist diese große magnetische Horizontal-Schaukel; viel besser als das allzu gewohnte Pendel: „Was will sie nun eigentlich? Ruhen oder schwingen? Will sie Ruh', oder will sie dies gerade nicht? Oder *muß* sie etwas tun, was sie gar nicht von sich aus will?" (So würde ich selber reden, wenn sonst keiner etwas sagte). Solcher „Animismus" mußte den traditionellen Physiklehrer wohl aufbringen. Er würde einwenden: solche mystischen Redewendungen sind in einer exakten Wissenschaft rücksichtslos zu verabschieden! Ich würde antworten: Die Muttersprache *führt* zur Fachsprache, ohne zu verstummen. Die Umgangssprache wird nicht überwunden sondern überbaut. (Zwei Sprachen stehen am Ende zur Verfügung.) Für mich gab es nie einen „Abschied", und ich meine, es sollte ihn für keinen Lernenden geben. Ich war zeitlebens immer zugleich drinnen und draußen geblieben, in der Physik und außerhalb ihrer, ein Grenzbewohner. Und mußte nicht gerade dies der Pädagoge immer leisten: In der Schwebe zu sein zwischen Fachwissenschaft und Laientum, zwischen Phänomen und Begriff, Wissenschaft und Unbefangenheit, in sich selber zu Hause und (soweit das möglich ist) im Schüler.

Nachdem die „Pädagogische Dimension der Physik" vorlag,

Im Odenwald (1954)

81

und viel Zustimmung gefunden hatte, konnte 1967 ein um Ausgleich Bemühter für die Fachleiter zusammenfassen: „Wagenschein hat durch die Art seiner ‚Sprache' das Glück gehabt, von den Pädagogen gehört zu werden … Wir haben inzwischen sein neues Buch gelesen und können nur bestätigen, daß einhellige Zustimmung und leidenschaftliche Ablehnung mancher seiner Forderungen und Vorschläge sich bei vielen die Waage halten." So war es. – Bemerkenswert: die Distanzierungszeichen um das Wort „Sprache".

Die pädagogische Unschuld der Fach-Wissenschaften

1967 erreichte die Diskusion die Ebene der Hochschulphysiker. Sie sind von jeher die einzige Instanz gewesen für diejenigen Schulphysiker, die vorwiegend fachwissenschaftlich und kaum pädagogisch interessiert waren. Im ersten dieser Dialoge zeigte sich dasselbe Mißverständnis, das ich die Verwechslung von „Ausflug" und „Einflug" nannte. In diesem Fall so: Mein Ziel, den physikalischen Aspekt aus der ganzen Weite aller Wirklichkeitsbezüge des Menschen durch Verengung *hervorgehen* zu lassen, wurde in umgekehrter Richtung gedeutet: ich wolle die Physik gebrauchen nur als Vermittler zu diesen bildenden Bezügen *hin*.

Die zweite Auseinandersetzung wurde ausgelöst durch von Hentigs Laudatio, als ich 1969 den „Pfaffpreis für Initiativen im Bildungswesen" erhielt. (Hartmut von Hentig, einer nun jüngeren Pädagogen-Generation angehörend, nachdem das Dreigestirn Spranger-Litt-Nohl nicht mehr am Leben und Wirken war, hat mich von früh an durch Zeichen seiner Sympathie begleitet.) Es ging um den Anspruch des Fachphysikers, den wissenschaftlichen und den Lehrernachwuchs allein zu verantworten, eine didaktische Beratung allenfalls duldend. Mir dagegen geht es nicht um die Rekrutierung künftiger Physiker, sondern um die ernsthafte Wissenschaftsverständigkeit *aller* Bürger und deshalb um die Genetisierung des Physikstudiums der Lehrer.

Ich weiß nicht, ob in diesen beiden Versuchen eines schriftlichen Meinungs-Austausches es zu einer wirklichen Annäherung gekommen ist. Doch hatte ich den Eindruck, daß man schon *nahe* aneinander vorbeisprach.

Im ganzen bestärkte sich meine alte Erfahrung, daß pädagogische Folgerungen aus fachwissenschaftlichen Informations- und Instruktions-Formen nicht abgeleitet werden können. Eine vom oberen Ende des fachwissenschaftlichen Standes herab geführte Didaktik erreicht nicht mehr das keimende Denken der Kinder und Laien. Es wird auf diesem Wege nicht wachgerufen, sondern verschüttet. Es entsteht Imitation statt *Initiation*.

Das genetische Lehren liegt dem Fachwissenschaftler fern. Er blickt nach vorn, entführt von einer mitreißenden Wissenschaft. Ich war durch mein Studium der wissenschaftlichen Faszination gerade schon nahe genug gekommen, um das zu verstehen. Ich war indes noch nicht gefesselt, noch nicht in eine Standes-Rüstung eingestiegen, als ich zur Pädagogik überlief. Der Fachwissenschaftler lebt viel zu intensiv innerhalb seiner physikalischen Festung, um noch den Kindern zuhören zu können, die auf dem Hang sich hinaufpirschen. – In einem anderen Bild, Hochschulphysiker leben heute fast alle oberhalb der Baumgrenze. Man sollte sie nicht nach den Waldwegen fragen.

Es gibt große Ausnahmen. Ich nannte sie schon. Vermutlich würde auch Einstein zu ihnen gehört haben, von dem sein Freund Solovine schreibt: „Einstein ging mit Vorliebe von der Entstehung der Begriffe aus. Zu ihrer Klärung benutzte er die Wahrnehmungen, die er bei Kindern machte!" Unter den Lebenden ist der Zürcher Quantenphysiker Walter Heitler dabei, von den Mathematikern Hans Freudenthal (Utrecht).

Übrigens ist die Frage „Genetisch oder nicht" *rein* pädagogisch zu entscheiden. Der Lehrer muß dafür sorgen, daß sein Schüler nicht gespalten wird. Kenntnis der Naturwissenschaft und das Anwenden-Können genügen nicht. Man muß auch wissen, wie die Natur dazu gekommen ist und immer wieder dazu kommt, uns in kleinen Andeutungen und unter gewissen Bedingungen dies Wissen anzubieten, das am Ende so ganz anders aussieht als sie selbst.

Tübingen 1956–1978

Der Tübinger Honorarprofessur und ihrem Lehrauftrag hatte ich nur folgen können, wenn ich die Schule aufgab. Das Studienseminar fallen zu lassen, fiel mir leicht. Nicht das Gespräch mit den Jugendlichen. Es wurde mir schwer, ihre unbefangenen Gesichter zu verlassen. Mein letzter Schulunterricht überhaupt endete im kiefernumstandenen „Schuldorf Bergstraße" mit einer kleinen und hellen Gruppe jener Schmalspur-Mathematiker und -Physiker. Ich glaube, es war das Thema: Wie ist es nur *möglich* zu erfahren, daß in der rotleuchtenden Flamme ein Zustand (wer weiß welcher Art) 10-hoch-14-mal in der Sekunde periodisch wechselt?

Studenten setzen schon bald die Masken der Erwachsenen auf. Aber sie waren mir ja nicht neu. Es fiel nicht schwer, sie auch in Tübingen zum Gespräch zu bewegen; eher leichter. Denn die Gruppen waren dort reicher gemischt und anregender im Wechsel der Mischung. Anders als die Studierenden in Darmstadt (deren technische Zielsetzung aber oft ausgeglichen war durch das Fach „Sport" vieler Lehrerstudenten; es half, die Sinne am Leben zu halten – ich sehe sie noch die Pirouette drehen, einen dicken Wälzer in jeder Hand, der, wenn sie ihn an sich drückten, ihre Rotation beschleunigte –); anders auch als die Hauptschullehrer in Jugenheim, später in Frankfurt. In Tübingen kamen Hauptschullehrer, die Pädagogik studierten, zusammen mit künftigen Gymnasiallehrern. Und ich legte es darauf an, daß meine Themen, auch wenn sie auf Naturwissenschaftler zielten, auch Studenten ganz anderer Richtung anziehen konnten. So kamen gelegentlich auch Germanisten, Theologen, Historiker, Philosophen dazwischen. Es ging mir ja zunehmend um die Wissenschaftsverständigkeit der Laien. Es konnte erhellend für Teilnehmer beliebiger Herkunft sein, wie anders ein „Geisteswissenschaftler" das Thema anging als ein Physiker (der, in einem Dreieck eine „Höhe" zeichnend, vorsorglich gleich von der „Höhe h" sprach). Und es waren sehr harmlose Probleme – harmlos erscheinende, wenn man nicht gleich den physikalischen Schraubenzieher zog – wie etwa das Sonderbare, daß die großen eisernen Schiffe schwimmen können, während doch schon ein Sandkorn unverzüglich untersinkt. Meine Aufforderung *nichts* voraus zu setzen an bloß „Gelerntem", nichts als das eigene persönliche Denken, und mit ihm allen Teilnehmern im Gespräch deutlich zu machen, was man dachte: Diese Regel genügte schon, gegen den Strich der üblichen Hochschul- und Schul-Didaktik zu bürsten. Manchmal wählte ich dasselbe Thema auch in Darmstadt oder Jugenheim. Es lief dann oft ganz anders. Tübingen erweiterte meinen Blick.

Auffällig war mir, wie ehemalige Waldorfschüler (in Tübingen verhältnismäßig viele) reagierten. Sie „guckten" so vertraut (wo die anderen sich befremdet zeigten). Es scheint, daß sie ihre Schule pädagogisiert verlassen hatten, insofern dort nicht der Wettbewerb regierte, sondern das sachliche miteinander Denken und Sprechen. Sie hatten auch nicht die Angewohnheit, die ich an Studenten allerorten bemerkte: sich mit sicherndem Blick nur an den „Lehrer" zu wenden. Sie sprachen zu Allen und auch nicht gleich im Fach-Jargon. – Es war fast so, wie es in der Odenwaldschule gewesen war. – Der Strom der zwanziger Jahre rauschte noch vernehmlich.

Außer meinen Seminaren – alle zwei Wochen zwei zweistündige an aufeinander folgenden Tagen –, dazwischen die Übernachtung nahe dem Schloß – hatte ich wenig Zeit. Kontakt nur mit den Pädagogen (Spranger, Bollnow, Andreas Flitner), keinen mit den Physikern und Mathematikern; oft Gespräche mit Studenten abends im Café. – Die alte Stadt durchwanderte ich abends und in der Frühe wie im Traum.

Ich hatte hier, wie in Darmstadt und Jugenheim (später Frankfurt), völlige Freiheit. Ich „konnte machen was ich wollte"; etwas ganz Seltenes. Der Vorzug einer Honorarprofessur. Freilich hatte ich keine Assistenten. Die Wogen des studentischen Aufruhrs erreichten meine Lehrbucht nur in kleinen Wellen. (Ich war ja kein Macht-Träger und prüfte auch nur solche, die sich gerade zu mir meldeten.) In Darmstadt kam es um 1968 einige Male vor, daß der lärmende Streit erst nach Minuten verebbte, als man beiläufig bemerkte, daß ich schon da war. Ernster traf es mich in Tübingen, als einmal einer so kalt und drohend das Wort ergriff, daß ich spürte, er sprach nicht als er selbst, sondern als Zensor.

Es wurde mir sehr schwer aufzuhören, 1978. Die häufigen Reisen wurden zu anstrengend.

Spranger – Litt – Nohl

Beim „Tübinger Gespräch", 1951, war mir Spranger distanziert erschienen. Gewonnen habe ich ihn zwei Jahre danach durch mein Buch „Natur physikalisch gesehen". Er schrieb mir jenen Brief dazu, der mir kostbar ist (1953). In den ersten Jahren dann meiner Tübinger Fahrten (von 1956 an), konnte ich ihn oft besuchen. Er ließ mich wissen, daß ich ihm nach meinem Freitag-Seminar, nach sechs Uhr abends, immer willkommen sei. Ganz gegenwärtig ist mir seine zeremonielle, doch warme Höflichkeit und sein an Sarkasmus grenzender Humor.

Die schönste Geschichte dazu erzählte mir Ohlmeyer, der Leiter des Leibniz-Kollegs. Er besuchte Spranger an einem Wintertag. Spranger, schon im Begriff das Gespräch zu eröffnen, blickt zum Ofen, auf dem ein Wasserkessel steht, und erhebt sich wieder; prononciert: „Meine Frau liebt es, aus meinem Arbeitszimmer ein Laboratorium zu machen. Wenn Sie gütigst gestatten, entferne ich das!"

Ich hatte ihm einmal einen Sonderdruck geschickt in dem (wie oft) der Mond die Hauptperson war. Als ich ihn danach besuchte, lag das Heft auf meinem Platz. „Sie hatten die Liebenswürdigkeit, mir dieses kleine Werk zu verehren: es hat mich nicht nur pädagogisch erfreut, ich konnte auch meine astronomischen Kenntnisse erweitern. Über die Gewohnheiten des Mondes war ich bisher nur durch meine Frau unterrichtet, sie kommt vom Lande".

So wirkte sie auch, wenn sie beim Abendessen dabei war, ruhig, humorvoll und gesund. (Ganz gegen beider Erwarten sollte sie bald sterben, vor ihm. Als ich ihn zum letztenmal besuchte, sagte er: „Manchmal, mitten in der Arbeit, stehe ich auf und gehe in ihr Zimmer, um ihr etwas zu zeigen..." Er folgte ihr dann schnell.) Ein Jahr davor war davon nichts zu ahnen. Wir saßen zu dritt zusammen. Es war heimelig und zeitentrückt. Er ließ sich berichten, was ich in meinem Seminar gerade getrieben hatte, streifte universitäre Vorgänge („ich sehe nich' hin!") und erzählte in seinem leicht berlinischen Tonfall viele schöne Anekdoten. Er habe noch den „Geenich", den letzten König von Sachsen, gekannt? – „Natürlich: Gratulationscour an der Universität Leipzig: ‚Na', sagte er, ‚Sie sind mir awer noch ein recht *junger* Professor!' – ‚Ew. Majestät' sagte ich: ‚*Diesen* Mangel hoffe ich im Laufe der Jahre auszugleichen!'"

Wenn ich ging, brachte er mich mit den kleinen federnden Schritten seiner Generation bis vor seine Wohnungstür und wartete auf dem Treppenabsatz, bis ich den nächsten erreicht hatte. Dann ein letzter Verbeugungswechsel. Auch als ich ihn einmal nicht zu Hause antraf wurde es anekdotisch: Ich fragte die Frau, die vor dem Hause fegte. „Där isch", sagte sie sachlich, „bei de Purlemerittler in Bonn!" (Die Träger des Ordens „Pour le mérite", Friedensklasse, waren dort versammelt.)

Theodor Litt, mit Spranger eng verbunden („... mein Freund Spranger, empfindlich wie eine Mimose..."), war ganz anders. Ich hatte ihn, ebenfalls durch Sonderdrucke, schon früher erreicht und, immer auf Postkarten, seine ganze Zustimmung gefunden. Er schickte mir sein Buch „Naturwissenschaft und Menschenbildung", dem ich viel zu danken habe. Er sah nicht optimistisch in die pädagogische Zukunft. („Alles kommt wieder...") Ich sah ihn zuerst bei einer Tagung auf Schloß Heiligenberg und dann später noch einmal bei ähnlichem Anlaß auf der Comburg (1960). „Na, was machen Sie in Tübingen?" – Ich lese Litt mit den Studenten. – Litt, erfreut, mit allen Zähnen lächelnd: „Und? Verstehn die das??" – „Einige sicher." – „Ein lieber Kollege von mir, katholischer Theologe, sagte mal: ‚Wissen Sie, Herr Litt, einen Vortrag von Ihnen zu hören, das ist mir ein Genuß! Aber, wenn ich *eine* Seite von Ihnen gelesen habe, dann bin ich in Schweiß gebadet'!" Litt dann, groß aufstehend, mit Quellblick in die Ferne: „Angenehme Vorstellung, als schweißtreibendes Mittel in die Geschichte einzugehen!" – Damals erzählte er mir wohl auch, wie er denen zu begegnen pflegte die verkündeten, Schall, Ton und Musik seien „eigentlich nichts als Luftdruck-Schwingungen". „Wenn Sie recht haben", entgegne er ihnen „dann ist alles, was Sie soeben gesagt haben, nichts als Lufterschütterung!"

Nohl, nachdem ihn mein „großes Spüreisen" mir zugewandt hatte, lud mich , als ich 1954 in Göttingen eine Gastvorlesung hielt, zum Frühstück ein, öffnete mir mit blitzendem, blauen Blick die Wohnungstür und war äußerst lebendig. Paul Geheeb schien er nicht zu mögen. Hielt ihn für „weich". Er hatte wohl noch nicht bemerken können, wieviel zähe Willenskraft sich in dem leisen Paulus verbarg.

Psychologie – Wolfgang Metzger

Wolfgang Metzger sah ich, aus Tübingen kommend, zum erstenmal im Darmstädter Hauptbahnhof. Er fuhr nach Münster und kam vom Schloß Heiligenberg, wo er für seine pädagogischen Kurse zur Fortbildung von Mittelschullehrern Dozenten gesucht hatte. Nun wollte er auch mich dabei haben. Seitdem fuhr ich zwischen 1960 und 1966 einmal jährlich nach Münster und führte dort Gespräche, wie überall, in Darmstadt, Jugenheim, Tübingen. Ich habe sie in guter Erinnerung, und es ergab sich für die nächsten Jahre, daß mancher dieser „Hörer" mich nach Westfalen zu einem Vortrag einlud.

An Metzger zog mich vieles an. Er war gänzlich frei von

Ordinarien-Hochmut (der oft gerade daran erkennbar ist, daß sein Träger ihn sichtlich zu verbergen sucht, indem er etwa einen Schul-Lehrer mit „Herr Kollege" anredet).

Ich erinnere mich an ein Gespräch im Münsteraner Bahnhofscafé, als Metzger mich mit offener List fragte: „Sind Sie ein Gelehrter?" Ein Gelächter einigte uns sofort: eben nicht! Ein Gelehrter ist ja einer, der viel weiß, und mit der Zeit immer mehr. Während ich damit beschäftigt war, das was ich wußte, fast vorsätzlich zu vergessen, damit ich es lehren könnte. (Später, 1980, meinte Rumpf, ich sei ein „Spurensicherer"; das könnte schon eher stimmen.)

Dort erzählte er mir auch die Geschichte von den drei Affen: An der Käfigdecke die obligate Banane, sehr hoch. Am Boden in der Ecke eine vergessene Kiste. – Affe I: Sein Auge geht ruhig zwischen Banane und Kiste hin und her. Dann, ganz plötzlich, rückt er die Kiste unter die Banane, springt hinauf und hat sie. (Der Intelligenteste) – Affe II: Blick auf die Banane, rutscht fahrig mit der Kiste auf dem Boden herum und gibt dann auf. (Weniger intelligent) – Affe III: beginnt ähnlich wie II und ebenso erfolglos, wird dann aber plötzlich wütend. Zertrümmert die Kiste. Und der, sagte Metzger, ist der menschenähnlichste!

Ich dachte dabei: Für Mathematiker mag Intelligenz und Phantasie ausreichen. Bei Psychologen und Pädagogen muß Humor dazukommen. Sonst fehlt ihnen die volle Kenntnis ihres Gegenstandes.

In seinem Seminar (erzählt mir einer seiner Schüler), nachdem ein Student vorne seine Sache im neuesten Fach-Jargon dargelegt hat, dreht sich Metzger nach hinten zu den Teilnehmern herum, mit seinen dunklen Augen: „Hat das jemand von Ihnen verstanden? Ich nicht!"

Von ihm habe ich auch das Gleichnis des alten Chinesen Mong-Tse, das den ganzen Kern einer genetischen Pädagogik enthält: Ein junger Mann wollte dem Korn wachsen helfen. Er ging des Abends heimlich hinaus, während die Eltern schliefen, und zog an jedem Halm ein bißchen. Am Morgen waren alle Pflanzen verdorrt.

Als ich, viel später, in einem fremden Seminar sagte: „Will

man die Mondphasen verstehen, so nützt es nichts, den Mond allein anzustarren. Sieht man aber ihn mit der Sonne zusammen als ein Ganzes an..." da rief einer wegwerfend: „Aber das ist doch Gestalt-Psychologie". So groß war seine Fortschritts-Ergebenheit. Er war schon weiter, bei der Verhaltens-Psychologie.

Metzger machte mich mit Max Wertheimers Buch „Produktives Denken" bekannt. Besonders das erste Kapitel („das mit dem Parallelogramm") entzückte mich, und ich empfahl es allen Mathematik-Studenten, die zu mir kamen. Auch hier fanden sie den Humor, ohne den Psychologie und Pädagogik nicht auskommen.

Vor Metzger, lange vor seinem Erscheinen in meinen Gesichtskreis, hatte ich merkwürdigerweise Koffka gekannt: als ich in Giessen studierte, und nicht nur Physik und Mathematik, sondern auch zum Beispiel Bousset: „Was wissen wir von Jesus?" und eben Psychologie hörte. Ich ging in Koffkas Übung. Ich weiß noch, daß seine schlanke, dunkle, höfliche Figur mich anzog. Vielleicht hat er meinen Sinn für Gestalten gestärkt.

Metzger starb zu früh für mich. Ich kann mich damit schwer abfinden. Ich hatte noch nicht oft genug mit ihm gesprochen.

Er hat eine sehr schöne Besprechung der „Drei W", wie er sie nannte: Wertheimer, Wagenschein, Wittenberg, (ich setzte ein viertes W dazu: Wolfgang Metzger) geschrieben: „Begegnung mit der Wahrheit". Dort ist auch das, worum es mir geht – wogegen und wofür – so vollendet zusammengefaßt, daß ich es in den „Anmerkungen" wiedergebe.

Mir lag viel an seiner Zustimmung. Er hatte Kinderaugen und sprach leise das härteste Urteil über die Schule: „Täuschung und Selbsttäuschung".

Vorzeichen

Spranger schrieb an Paul Geheeb am 4.8.56:
„Was ist in der Erziehung schon wissenschaftlich auszurichten? Das erste ist die Leidenschaft, der Eros. Dazu sollen

Erfahrung und Besinnung kommen. Aber Erziehung ist nicht angewandte Wissenschaft."

In den mich vielseitig bindenden Jahren, um 1956/57 beurlaubte mich mein großzügiger Staat von meinen Schulstunden für ein Jahr an die „Hochschule für Internationale Pädagogische Forschung" (HIPF) in Frankfurt, damit ich mein Buch weiterbringen könnte. Dafür hatte ich dort nur zwei kleine Seminare zu halten.

In Erinnerung geblieben ist mir der Stoß, der mich traf, als ich an einer offenen Hörsaaltür vorbeigehend, auf der Wandtafel mathematische Zeichen erblickte. Es waren Gleichungen oder Formeln, die offenbar pädagogische (oder auch nur didaktische) Begriffe, als meßbare Größen behandelt, miteinander verbanden. Genaues weiß ich nicht mehr. Nur das eine: Da ich ja mit dem Mathematischen wie mit dem Pädagogischen auf vertrautem Fuße lebte, sah ich diese Verbindung mit Schaudern: Welch eine Mésalliance!

Der „Deutsche Ausschuß"

Der „Deutsche Ausschuß für das Erziehungs- und Bildungswesen" lud mich 1960 ein, in seiner Kommission für die Höhere Schule mitzuarbeiten, insbesondere an Beratungen zur Mathematik und den Naturwissenschaften. Zu diesen Beratungen konnte ich Walter Jung und Walther Klumpp hinzunehmen. Es ging jetzt um die Konsequenzen der Tübinger Resolution, die nun 10 Jahre zurück lag. So gab es vier Jahre lang viele Reisen nach Bonn und Tutzing zu Gesprächen mit wenig Streit und großen Anregungen zwischen ausgeprägten Persönlichkeiten.

Ich fand vertraute Gestalten wieder, wie Wilhelm Flitner und Felix Messerschmid. Andere, flüchtig gekannte, traten näher: Hans Bohnenkamp, Hans Walter Erbe, Johannes Flügge. An alle denke ich gerne zurück.

Manche leben heute nicht mehr. Der Tod enthüllt, um wen man trauert:

Bohnenkamp (schon seit 1953 Mitglied des „Deutschen Ausschusses" und Mitunterzeichner der Tübinger Resolution) war mir immer bewundernswert erschienen durch seine überlegene Formulierungskunst. Erst spät las ich die (wie ich ziemlich sicher weiß, von ihm verfaßte) „Zwischenbetrachtung: Fundamente im Sinnfälligen" (S. 625 der „Empfehlungen") und erkannte darin unsere vollkommene Übereinstimmung:

„(Es) wäre ... falsch verstanden, als liefere der ursprüngliche primäre Weltaspekt nur den Stoff, den die Wissenschaft dann verzehren kann ... Die Bilder behalten im Gegenteil in, unter und über dem wissenschaftlich Aussagbaren ihre eigene Wahrheit und bleiben darum für die Grundstruktur des humanen Erlebens unentbehrliche Korrelate".

Ob er ahnte, daß der „Verzehr" bevorstand? Diese Sätze sind wie für 1980 geschrieben.

Erich Weniger begegnete ich nur am Rande. Doch ist er mir unvergeßlich als Erzähler, in der Runde eines Abends bei seinem Beaujolais: vom Jugendtreffen auf dem Hohen Meißner, 1913. Er rührte Jugendstimmungen auf. Er war dabei gewesen.

Was wir machten, soweit ich es übersehe, davon rücke ich auch heute nicht ab; wenn wir auch manches Wichtige nicht wußten.

Der große Wurf

Am Ende der fünfziger Jahre gelang es russischen Technikern, eine Rakete sehr hoch zu schießen, schon in den fast luftlosen Raum, und seitlich umzulenken. Dann konnte das Geschoß völlig frei mehrmals um die Erdkugel herumfallen. 1961 folgte der Umlauf einer Kapsel, die einen Menschen trug und heil wieder herunterbrachte.

Einen solchen Umlauf, freilich nur eines Steines, hatte sich Newton schon 1666 vorgestellt. Nicht als Techniker. Er wollte nicht einen „künstlichen Satelliten" bauen, und ist doch der Entdecker seiner grundsätzlichen Möglichkeit. In seinem späteren großen Buch über die *mathematische* Grundlegung der Physik (hinten freilich, außerhalb des systematisch aufgebauten Haupttextes) bringt er eine bemerkenswert unmathematische ganz allgemeinverständliche Darstellung der *Entstehung* dieses Gedankens. Eine Figur ist auch dabei. Man sieht, wie von einem übermäßig hohen Berg Steine geworfen werden, alle horizontal, und jeder schneller als sein Vorgänger. Man sieht auch, wo sie unten aufschlagen, die gekrümmte Erde entzieht sich ihren Wurfbahnen immer mehr, bis schließlich einer gerade so schnell geschleudert ist, daß er nicht mehr auf dem Erdboden ankommt und endlos um die Erde weiter bewegt bleibt, dank seiner „Trägheit" – Muster einer genetischen Darstellung. Was Newton dabei antrieb, war der geniale Einfall zu fragen, ob nicht der stille monatliche Gang des *Mondes* durch die Gärten der Sternbilder hindurch sich – in rein mechanischer Betrachtungsweise – verstehen ließe als ein solcher endloser Wurf. Ob also der Mond, in physikalischer Auffassung, sich als „nichts anderes" zeigen werde, als ein geworfener riesiger Stein. In seiner berühmten Rechnung konnte Newton nachweisen, daß das stimmt, wenn man nur annimmt, daß die Schwerkraft in der doppelten Entfernung vom Erdmittelpunkt 4mal schwächer zieht, in der dreifachen 9mal, der vierfachen 16mal, und so fort. Ich gehe hier dieser Entdeckungs-Geschichte nach, weil sie einen geeigneten Gegenstand abgibt für das, was ein „exemplarisches" Thema ist, ein „genetisches" dazu, ein Initiations-Problem in seiner Lösbarkeit. Zur Not kann dieses Beispiel schon genügen klar zu machen, was die physikalische „Mechanik" kann. Wenn man dabei gar sokratisch führt, so erfährt der Lernende am eigenen Verstand: was ein genialer Einfall ist, wie man ihn prüft, und vor allem wie man *nur* durch eine quantitative, eine mathematische Genauigkeitskontrolle des anfangs nebelhaften Einfalls, seiner Sache sicher werden kann. Auch zeigt sich, wie nebenbei, daß eine „Zusatz-Hypothese" hineingesteckt werden muß (hier über das Nachlassen der Schwerkraft mit zunehmender Entfernung).

Schließlich, und das will mir immer mehr als das heute Dringlichste vorkommen, wie sehr man sich als Lehrer hüten muß, den Eindruck aufkommen zu lassen, die Verwandlung unseres nächtlichen Freundes, der „so still dahin geht" durch die Stern-Flur, in einen dahinrasenden wüsten Steinball, diese Verwandlung gebe uns die „Enthüllung" der „Wahrheit". Was wir da finden, ist nur das Produkt der auf „Mechanik" *verengten* Sehweise und Auffassung. Und sie wird nur dadurch möglich, daß *wir uns* verhüllen, alle unsere anderen seelischen Organe *ab*blenden außer dem Meß-Verstand. Wir haben nicht herausbekommen, was der Mond „eigentlich ist". Das kann die physikalische Blickverengung ohnehin nie. Diese Einsicht, die auf den ersten Blick dem üblich ausgebildeten Physiklehrer schwierig erscheinen muß, zeigt sich mir immer mehr so einfach wie notwendig. In meiner ersten Darstellung dieses exemplarischen Themas kommt sie noch kaum in meinen Blick. Aber spätere Arbeiten haben mich versuchen und an anderen erproben lassen, wie der heutige Mensch aufatmet, wenn er die „Mechanisierung des Weltbildes" als eben ein *Bild* begreift und zwar als ein großartiges und nicht falsches, aber nicht *„die Wirklichkeit"*.

Die geniale Denkleistung Newtons hat in den folgenden Jahrhunderten die Bewunderung aller Welt gefunden. Nun aber, nach dreihundert Jahren, als das Ergebnis seiner Entdeckungskette mit dem Wurf eines Russen um die Erde herum in die Anwendung, die Erfindung, die Bewältigung sich wendete, schlug die Reaktion der halben, der westlichen, Welt in den Schrecken um, den „Sputnik-Choc": in die Furcht, von den Russen technisch und militärisch überrundet zu werden. Der Westen folgerte nun ziemlich schnell und mit wenigen engen Schritten: Wir sind im Rückstand. Also brauchen wir mehr Techniker. Deshalb also mehr Mathematik in *allen* Schulen für *alle* Kinder.

Die ersten beiden Schritte sind zur Not verständlich. Der nächste aber betrat das pädagogische Feld und glitt aus. Denn mit der Logik *allein* ist *dort* nichts zu wollen, selbst im Mathematik-*Unterricht* nicht. Denn man schloß weiter: Also müssen alle Kinder der westlichen Welt gleich *von Anfang an* im Sinne der „Modernen Mathematik", der „New Math", belehrt werden.

Aber kleine Kinder können nicht nach den rein logischen Strukturen und Sprechweisen einer fertigen, weit fortgeschrittenen Wissenschaft verstehen. Der Sputnikschuß traf hier, wenn man so sagen darf, verletzend ins Herz der Mathematik-Didaktik (Didaktik zeigt „Herz", sofern sie das *eigene* Denken der Kinder *achtet*).

Es hatte sich getroffen, daß schon lange die mathematische Wissenschaft in einer axiomatisch-deduktiven Umstrukturierung ihres Gebäudes begriffen war. Dabei wurde führend die „Mengenlehre". Nun gibt es in ihr durchaus äußerst einfache und reizvolle Denkaufgaben, die auch Kinder anziehen können. Etwa: vor dir liegen zwei Haufen (Mengen) von Erbsen. Es sieht so aus, als könnten in beiden Haufen gleich viele Erbsen drin sein. Aber sicher ist das nicht. Es sind zu viele. Man könnte natürlich zählen, *aber* das ist gar nicht nötig! Die Frage kann entschieden werden von jemandem, der gar nicht zählen *kann*. Er könnte ganz stumm bleiben. Sogar die Augen könnte man ihm verbinden. Mit den *Händen* könnte er es herauskriegen, ob in den beiden Haufen gleich viele Erbsen stecken. Und *wie* viele, das braucht man gar nicht zu wissen.

Wenn nun aber gelehrte Mathematiker solche schlichten Zuordnungen mit dem Blick auf das *Ganze* ihrer Wissenschaft ausbilden und allgemein formulieren, so entsteht notwendig eine ganze Disziplin von neuen Begriffen und Kunstwörtern und abstrakten raffinierten Redewendungen. Dann kann dieses Endprodukt (nicht zufällig erst im 20. Jahrhundert entwickelt) nicht kleinen Kindern fertig verabreicht werden, ohne daß sie in Tränen oder – schlimmer – in sinnloses „Hersagen" ausbrechen. Eben dies geschah.

Aus einem Lehrbuch für Zehnjährige:

„Nun können wir erklären, was die Aussage von Rolf, er habe 7 Kastanien gesammelt, bedeutet. Rolf hätte genauer sagen müssen: Die Menge meiner Kastanien gehört zu der Klasse mit dem Schildchen ⦂⸭ . Allgemein können wir sagen: Jede Menge gehört zu einer bestimmten Mächtigkeitsklasse: kurz: Jede Menge hat eine bestimmte Mächtigkeit ... Hat eine Menge M endlich viele Elemente, so ist die Mächtigkeit der Menge eine natürliche Zahl."

Hierzu kann man nur bemerken (im heutigen – 1981 – Jargon): „Das darf doch nicht wahr sein!"

Wie das im einzelnen „kam", weiß ich nicht genau. Es sah so aus, als habe der politische Druck, das Vorbild des westlichen Auslandes, unsere verordnungsbereiten Behörden zu neuen Plänen bewegt und dabei die einfachsten pädagogischen Instinkte vertrieben. Der Rausch erfaßte die Lehrerbildung, die Lehrbuchschreiber, die Verlage. Die unglücklichen Eltern wurden als Hilfslehrer geworben. Sie lasen eigens für sie geschriebene Bücher und strömten in Veranstaltungen der Volkshochschule.

Verblüffend ist die Unbefangenheit mit der manche Anhänger der frühen „Mengenlehre" argumentierten: Man mache sich Sorge um „die schmerzhafte Umstellung", nicht etwa der Kinder, sondern der künftigen Mathematikstudenten (die aus diesen Kindern hervorgehen könnten), wenn sie erst beim Beginn ihres späteren Studiums die neuen Begriffe lernen müßten. – Man braucht sich nur eine normale Unterstufenklasse vorzustellen, von denen vielleicht 5 Prozent Mathematik studieren werden, um die übertriebene Ausrichtung der Schule auf eine *verfrühte* Rekrutierung des wissenschaftlich-technischen Nachwuchses zu erkennen.

Das Ende wurde dem ganzen Unternehmen schließlich bereitet 1. durch die protestierenden Eltern, 2. durch die *richtigen* Mathematiker, die wohl vorher nicht ganz aufgepaßt hatten und die Schädigungen nun gerade bei den jungen Studenten bemerkten. Die französische Akademie der Wissenschaften sprach von einer „arroganten Marotte" und fand die Folgen „herzzerreißend anzusehen" (1973). Aber es dauerte noch jahrelang, bis das einmal „Eingeführte" sich zurückzog.

Man könnte nachträglich fragen: Warum sind nicht die Pädagogen eingeschritten?:

Die öffentliche Schule in einer Demokratie gleicht einem besetzten Gebiet, und der mathematisch-naturwissenschaftliche Unterricht vor allem. Die Pädagogen sind neben den Interessenvertretern, Fachvertretern und Standesorganisationen nicht die stärkste unter diesen Besatzungsmächten.

Pädagogen wie Bildungspolitiker und Ministerialbeamte haben ihr Mathematik-Bild aus ihrer eigenen Schulzeit. Dort haben sie fast alle nur gelernt, blind zu bewundern und zu resignieren. So überlassen sie alles den Fachleuten. Für die meisten Mathematiker aber galt, – wenigstens damals noch 1963 – das scharfe Wort Wittenbergs (er spricht von der *pädagogischen* „Aufgabe"): „Die Fachleute bleiben gerade deshalb *alleinige* Meister ihrer Aufgabe, weil sie diese ihre Aufgabe nicht gemeistert haben. Wahrlich ein paradoxer Sachverhalt!" (Hervorhebung hinzugefügt).

Pascal: „Man darf den Geist nicht schrauben."

Fernwirkung

Man glaubt, über Physikunterricht zu schreiben und ist erstaunt über Wirkungen, die weiter reichen und anderswohin. Daran erkennt man, was man im Grunde meint; es liegt tiefer und breiter: Grundwasser.

Im Jahre 1970 brachte die Post ein durch die lange Reise angerissenes Paketchen mit Drucksachen und einem Brief. Ich wollte die Verpackung schon wegwerfen, als ich darin eine steckengebliebene Fotographie bemerkte: ein weißes niedriges Gebäude und am Eingang, auf großer Holztafel, mein Name unter den Worten: *Comprender Lo Comprensible es un Derecho Humano – Verstehen des Verstehbaren ist ein Menschenrecht!*

Erst lange danach erfuhr ich, daß Andreas Flitner, das Grundwasser erspürend, meine Bücher einem Besucher genannt hatte: Dr. Roderich Thun aus Costa Rica, der dort in S. José eine einzigartige (wir würden sagen:) Volkshochschule führt, die zwei Millionen, in Urwäldern und Plantagen verstreute Indios dort erreicht, wo sie leben, um ihnen einen ständigen Dialog zu ermöglichen. Es gelingt durch Beantwortung ihrer persönlichen brieflichen Fragen, durch Radio, Briefe und einem Bauern-Kalender (Almanaque; Escuela para todos/ Schule für alle). Es geht ihm nicht um kollektive Belehrungen, sondern um individuelles Eingehen auf persönliche Wissenswünsche und Sorgen.

Es folgte die Einladung, auch für meine Frau, zu einem internationalen Symposion über die Erwachsenenbildung. (Es war unser erster Flug, Herbst 1971.)

Was an diesen nur zehn Tagen ist so unvergeßlich geblieben?

1. Die Stille und Intensität der Arbeit von Roderich Thun, seiner Frau Manuela und ihren Mitarbeitern, in kleinen Zimmern, vor deren Fenstern Kolibris in Blumengärten schwirren. Ein besonderer Raum enthielt die Briefordner mit (damals) 12 000 Fragen und Antworten von 1963 bis 1971.
2. Eine unbestimmte Ahnung davon, was wir in Europa in unseren Massenschulen anrichten; ob uns nicht, je effektiver

uns diese Mitteilungstechnologie vorkommt, der Einzelne entschwindet, zurück in die Urwälder seiner eigenen Seele?
3. Das Meer gedrängter dunkler Gesichter an einem Sonntagabend in Guatemala-City. (Auch dorthin strahlen die Sendungen von Dr. THUNs *Instituto Centro Americano de Extension de la Cultura*.) In einem Park zahllose Indios, lagernd (bisweilen neben kleinen Feuerstellen), stehend und gehend; mit verborgener Wachheit und spürbarer Resignation uns in den Blick nehmend. Sehr selten mit einem Lächeln, aber dann des ganzen Gesichtes, wie man es bei uns nicht kennt.
4. Die Vulkankegel, von dieser großen Stadt recht weit noch entfernt, doch so hoch, daß man sie erst gar nicht bemerkt, ungewohnt, den Blick so steil zu richten. Während sie vom Flugzeug aus gesehen den dunkelgrünen Pelz des Urwaldes durchbrechend, sich in eine Reihe vervielfachen und zugleich individualisieren in der Art ihres Rauch-Ausströmens oder in ihrer verschwiegenen Verschlossenheit. So schöne Fotographien es gibt, die Wirklichkeit ist nicht darin. So ist es mit manchen Dingen, die wir in den Schulen nur mit prächtigen Bildern zeigen können.

Dazu gehörte auch, noch weniger im Film faßbar, wie die Sonne abends lange nicht untergehen wollte, als wir westwärts über den Atlantik flogen: sie verhielt am Horizont, als hätte sie sich dort verfangen.

Auch das Sternbild des Orion sagte uns nachts, in S. José, Ähnliches: vertraut, doch fast bis in den Zenit verreist.

Bisweilen kann Erzähltes die fremden Dinge eröffnen. Oft können unsere Belehrungsmittel die Phänomene verdecken.

Wolken-Zeit

Als im Jahre 1965 der „Deutsche Ausschuß" am Ende einer zwölfjährigen Arbeit seine „Empfehlungen und Gutachten" vorlegte, konnte erwartet werden, daß nun etwas geschehe, von dem was er geraten hatte. Statt dessen wurde gleich danach, als wäre nichts gewesen, ein neues Gremium berufen: Neue Namen. Neue Pläne. Neue Begriffe. Neue Sprache.

Nicht, wie das kam, gehört hierher, sondern nur, wie es mir vorkam. Als einem, der einerseits wußte, was die von der Physik angeführten Naturwissenschaften können (was also Physik kann und was nicht) – und der andererseits pädagogisches Leben fast ein Jahrzehnt lang um sich und in sich in Freiheit erfahren hatte. Was nun vor sich ging, wirkte auf mich und auch auf andere wie ein Wetterwechsel, ja ein Klimaschock. Es schob sich etwas vor wie eine Wolkenwand.

Zwar war darin manches zu spüren von dem, was ich selber in Hessen in Gang zu bringen geholfen hatte.

Aber dies alles war versetzt mit einer Tendenz, die mir hier erstaunlich unangemessen erschien. War dies nicht meine *Physik,* deren *Methode*, schlecht verstanden, übertrieben eingemischt wurde (wie schon vorher in der Medizin und Psychologie), von Verehrern, geblendet durch zwei Vorzüge: Objektivität und Genauigkeit. Aber Physik verdankt ihre Siege der *Selbstbeschränkung* auf die *meßbaren* Eigenschaften der *materiellen* Gegenstände, soweit sich deren Relationen in mathematische Strukturen abbilden lassen.

Hier dagegen wurde die naturwissenschaftliche, das heißt, die physikalische Methode auf die Pädagogik angewandt, auf Beziehungen zwischen Menschen; und nicht nur angewandt sondern, wie es schien, auch für ausreichend gehalten. Als ob Physik, bewundernswert und mitreißend durch ihre Fortschritte, eine *universelle* Methode gefunden hätte, mit deren Anwendung *alles* vernünftige Nachdenken über *beliebige* Gegenstände gelingen müsse. Kurz, hier wirkte der – vielleicht nicht einmal bewußte – Glaube, sie sei *die* Wissenschaft ohne Grenzen. Ein Irrtum, nicht der maßgebenden Physiker, sondern ihrer unzureichend belehrten Bewunderer und Nachahmer.

Physik hatte zwar, mit gutem Grund, die Chemie in sich aufgenommen. Die Biologie aber nur insoweit, als sie auf Organismen zwar anwendbar blieb; aber Anwenden ist nicht ausschöpfen. Und den dunklen Rest vergaß zwar der führende Biologe nicht, aber er betonte ihn zu wenig. So konnte die

Öffentlichkeit kaum bemerken, daß zum Beispiel die Molekularbiologie die psychische Seite der aus „Zufall und Notwendigkeit" vielleicht entstehbaren Organismenwelt ausklammern muß, das Eigenste also des Lebendigen. Damit ist der Laie der Verführung preisgegeben, die physikalische Methode für die durchgreifende, das heißt die einzig wissenschaftliche zu halten. Nichts konnte mir mehr entgegengesetzt sein, als dieses Mißverständnis. Was mich antrieb war ja die Pädagogisierung des Physikunterrichts. Was hier aufbrach, deute ich als das Umgekehrte, den Versuch einer Physikalisierung der Pädagogik. So entstand das Leitwort einer „wissenschaftsorientierten" Pädagogik („Erziehungswissenschaft"), die aber meist zu einer wissenschaftsgläubigen (das heißt: einer physikverblendeten) erstarren mußte.

Zumal sie nun auch der zweiten Verführung sich aussetzte, die Physik mit sich bringen kann: alles zu machen, was zu machen möglich ist. Denn Physik ist ja auch die Wissenschaft des von uns Machbaren. Ihre Heimat ist „Mechanik". Ihre Grundbegriffe sind Masse, Raum und Zeit. „Die Begrifflichkeit der Naturwissenschaft ist selber machtförmig." (C. F. von Weizsäcker)

Physikalistische Methoden besetzten ein fremdes „Land". Die Verengung des Blickes zeigte sich allenthalben: Abblendung der Sinnlichkeit und der unmögliche und humorlose Versuch das Unmeßbare zu quantifizieren. Wertungen zu neutralisieren und die Personalität der Schüler („Adressaten") und Lehrer zu vergessen. Allgemein: Ganzheiten zu atomisieren: Lehr-„Stoff", Unterrichts-„Zeit". Besonders in der „Benotung" wächst der Zahlenaberglaube ins Absurde: bei den Numerus-Clausus-Kriterien wird die geistige Reife eines Abiturenten durch Mittelbildung aus (im Grunde *geschätzten*) Zahlen auf zwei Dezimalen „festgestellt". Die Folgen, Angst und Abscheu, sind nicht meßbar, sie „fallen heraus".

Ich kann nichts weiter sagen, zumal ich, mit Spranger zu reden, „nich' hinsah" und es nicht über mich brachte, die schreckliche Kunstsprache zu erlernen, in der sich viele (nicht alle) Pädagogen gefielen und verbargen. Sie kam nicht aus ihren pädagogischen Erfahrungen, sie kam nur aus Amerika, und ist, in ihrer physikalistischen Skelettierung, dazu angetan, gewisse pädagogische Erfahrungen unmöglich zu machen.

Lehrer, die „Ehrfurcht" mit „Furcht" verwechseln und „Vertrauen", ein Grundwort pädagogischer Zuwendung, in dem flachen Sammelbecken „Kommunikation" unterbringen, oder das Weinen der Säuglinge als „soziales Signal" abfertigen: können sie sich noch mit den Eltern ihrer Kinder verständigen?

Auch Gesamtschule und Oberstufenreform schienen mir ihren Sinn zu verlieren, solange die den Kindern angeborene Lern- und Verstehenslust unerfüllt blieb und verraten wurde an egoistischen Konkurrenztrieb und Noten-Calcül anstelle freier Wahl der Interessen.

Ich gestehe, daß ich in dieser Wolken-Zeit oft fürchtete, sie werde nun wohl keine Ende mehr finden.

Nicht daß ich resigniert hätte. Unter meinen Aufsätzen und Vorträgen aus der zweiten Wartezeit waren einige sehr wichtig zur Klärung meiner Position. (Verdunkelndes Wissen – Zum Problem des genetischen Lehrens – Die periodische Struktur des Lichts – Die Sprache im Physikunterricht – Verstehen ist Menschenrecht – Der Vorrang des Verstehens – Entdeckung der Axiomatik – Kinder auf dem Wege zur Physik – Rettet die Phänomene!) Da die meisten dieser Aufsätze entstanden sind aus Einladungen zu Vorträgen und dabei offene Zustimmung fanden (manche auch bei MNU), war ich keineswegs allein. Auch fiel ja der Pfaffpreis, 1969, mitten in diese Zeit.

In der Wolken-Zeit entstand auch die Erlangener Dissertation von Walter Köhnlein 1973, angeregt durch Werner Loch (nun dort Professor). Köhnlein, damals Assistent in Bayreuth, hat in seiner ausführlichen Darstellung das Sorgfältigste und Gewissenhafteste erarbeitet, was damals über meine pädagogischen Überzeugungen zusammengefaßt werden konnte. Einer Buchveröffentlichung freilich war die Zeit nicht günstig. Erst 1982 konnte Köhnlein, inzwischen Professor in Hildesheim, einen Band zum Exemplarischen Prinzip herausgeben.

Kinder auf dem Weg zur Physik –
Erwachsene auf dem Weg von ihr fort

Dem empirischen Zug der Zeit folgend suchte ich inzwischen in zwei Richtungen zu dokumentieren, was ich freilich aus vielen Erfahrungen schon wußte:

1. daß junge Kinder *vor* allem Physikunterricht Natur-Phänomene (besonders vom Gewohnten abweichende) genau sehen und überraschend produktiv darüber nachdenken,
2. daß junge Studenten *nach* allem Physikunterricht sehr oft schon (allzu oft) Natur-Phänomene nicht mehr genau sehen, aber gern Erklärungen „apportieren" (Lichtenberg), die nicht dazu passen, bisweilen sogar das Phänomen auslöschen, das sie klären sollen.

So kommt es zum Beispiel vor, daß Kinder scharf beobachten, wie das schräg ins Wasser hängende Ruder eines Bootes, von weitem und seitlich angesehen, nach *oben* abgeknickt „ist", während eine ganze Gruppe von Studenten den Anblick umgekehrt erinnert (nach unten geknickt), weil sie nichts anderes mehr wissen als eine Lehrbuchfigur, und dabei einen (allerdings beteiligten) „Lichtstrahl" mit dem Ruder selbst verwechseln. Das „Wissen" über das Phänomen trübt das Phänomen.

Oder: Johannes, knapp 5, in der Badewanne, sagt zur Mutter:
„Warum wackelt das Wasser noch, wenn ich mich doch gar nicht mehr bewege?" Er entdeckt damit, was wir „Trägheit" nennen oder „Beharren" und findet, daß das Wasser noch von selber weiterschaukelt, seltsam. Mit Recht. Auch Aristoteles fand derartiges schwer verständlich.
Studenten aber „denken nicht daran", die gelernte „Trägheit" in Betracht zu ziehen vor folgender Frage: Man lasse ein Ei über die ebene Tischplatte rollen und stoppe es kurz mit der Fingerkuppe ab, so daß es haltmacht; ist es roh, so setzt es sich nach

kurzem Schreck wieder in Bewegung, während das gekochte brav liegen bleibt. Wie das wohl kommt? – Sie fangen an von Molekülen zu reden! Der hilflose Rückgriff auf die gelernte abstrakte molekulare Hinterwelt verdunkelt den Blick auf das unmittelbar vor Augen Liegende. *Vor* der Schule wache und denkbereite Kinder, *nach* der Schule „zu Boden gelernte" (Jakob Burckhardt) Erwachsene? Dem mußte man nachgehen.

1. *„Kinder auf dem Wege zur Physik".* – Diese Sammlung authentischer Berichte (in: „Neue Sammlung" 1962 und 1966, dann in dem Buch [7] gleichen Titels, 1973, vereinigt) verdanke ich meiner Frau und Freunden, die sich erinnerten oder ihren Kindern zusahen und zuhörten: nachdenklich wachen Kindern. Kinder, nicht, wie bei Piaget, vor ausgedachte Situationen gesetzt und ausgefragt, sondern mitten in ihrem Alltags-Treiben betroffen von verwunderlichen (aber wiederholbaren!) Natur-Vorkommnissen. Beunruhigt durch Ausnahmen von Gewohntem. Spontan in Grübeln, Tun, Sprechen versetzt. Kritisch zu den Verlautbarungen der Erwachsenen.

Die Vorzeichen erwachender Wissenschaft sind unverkennbar.

Daß es bei hochbegabten Kindern nicht beim Wahrnehmen und Sinnieren bleibt, dafür gibt ein schönes Beispiel jene Fünfjährige, der es auffällt, daß ein Rabe, der weit entfernt auf einem Zaune sitzt, seine schöpfende Kopfbewegung *vor* jedem Rab-Rab-Ruf macht und *nicht* gleichzeitig. Sie denkt sich etwas aus: läuft weiter weg vom Raben (der zum Glück ruhig weitermacht), bleibt stehen, horcht wieder und blickt: es ist *wie vermutet:* die Verspätung ist etwas länger! – Das Kind ist beruhigt: der *Ruf läuft her „wie ein Ball".*
Das Buch von 1973 enthält auch eine Auswahl der wertvollen Aufzeichnungen von Agnes Banholzer von 1935. Sie hörte zu und schrieb mit, was Kinder zwischen 6 und 12, allein oder zu zweit, sich so dachten über „physikalische Sachverhalte", die sie ihnen vorsetzte. Man kann viel aus ihnen lernen.
Als der bedeutendste Beitrag des Buches erscheinen mir

aber Siegfried Thiels „Unterrichtsprotokolle" (Tonbandaufnahmen) von Gruppengesprächen in einer Grundschule (Versuchsschule der Tübinger Universität) von 1969: „Grundschulkinder zwischen Umgangserfahrung und Naturwissenschaft" (S. 90 bis 180).

Ich blättere oft darin, zur Erholung, und lese Studenten daraus vor. Sie lernen etwas kennen, was sie nicht für möglich gehalten hätten. Neunjährige sprechen *miteinander* über befremdende Naturvorgänge, die sie vor sich haben und an denen sie herumprobieren (etwa jene Schallverspätung): munter, unbefangen, intelligent, sachlich, diszipliniert und in ihrer eigenen Sprache. Was die für Sachen sagen! „Der (Schall) geht überall rum, nicht nur von mir zu Richard" – „Das zittert so kitzelich" (Hand an der Trommel) – „Und wer hilft dem Schall zu uns zu kommen?" fragt der wortkarge Lehrer: – „Der Schall hat keine Augen, und deshalb fliegt er hin, er prallt so hin und braust so dran, wie der Wind im Kreis, und überall prallt er dran. Dem braucht niemand zu helfen, der fliegt so allein!"

Zum ungeschmälerten Vergnügen an solchen springbrunnenhaften, unerwarteten Wendungen fehlt es Physikstudenten leider an „Sprache" und Pädagogik-Studenten an Physik. Schön wär's, wenn Deutschlehrer und Physiklehrer sich an solchen Reden entzückt vereinigen können! Aber sie sind nicht so.

Solche Hinweise auf das dringliche Bedürfnis der Kinder nach Verstehen wurden zwar von Grundschullehrern, aber nicht von Gymnasial-Physikern beachtet. Derartiges lag wohl unter ihrem Niveau. Sie suchten ihre Anfangsbedingungen ganz wo anders, indem sie etwa fragten: Welche mathematischen Kenntnisse müssen vorausgesetzt werden, bevor ein wissenschaftlicher Physik-Unterricht überhaupt einsetzen kann. – Ihre Didaktik führt von oben herab. Sie bleiben angeseilt.

Die Gegenfrage: *Was bleibt* trotz solcher Frühlingszeichen, *nach* all den Physikstunden auf die *Dauer, nach* der Schule, „für's Leben"; wenn *nicht* mehr jede Woche abgefragt und nicht mehr alle paar Wochen vorbereitet geprüft wird, was „hängen geblie-

ben" ist? An dieses hohle Thema hatte ich schon früh geklopft.
(1935, 1948, 1951, 1952 hier Mathematik betreffend, 1952 in Hamburg)

Trotz mancher Stil-Schärfen („imposanter Schotterhaufen", „Angstneurose" als Ergebnis des Mathematikunterrichts, „Scheinkenntnisse") habe ich nie die einzelnen Lehrer beschuldigt, sondern die Ursache gesucht in den kollektiven Wahnideen der Zeit.

1955 entstand ein (allzu) gut gelaunter Einakter: Skizze einer Seminarsitzung mit den wahrhaft grotesken Vorstellungen der Studenten zu der Frage, wie man denn Kinder (ja vielleicht vorher sich selbst) davon *überzeugen* könne, daß die Erde *wirklich* eine *freischwebende* Kugel sei? Das war noch auf dem Schloß Heiligenberg.

Auch dort, und gleich danach (1956) versuchte ich es mit einer um so ernsthafteren Befragung von 32 Studenten, die kurz zuvor ihr Abitur bestanden hatten. (Gedruckt erst nach 4 Jahren in der „Zeitschrift *für Pädagogik*" (1960/1), nachdem die betroffene Zeitschrift: „Der Mathematische und Naturwissenschaftliche Unterricht" (MNU) diesen Test nicht wollte, es sei denn gekürzt.) Das waren ganz einfache Fragen, oder etwa nicht?: „Wie kommt es, daß dieselbe Luft bei Windstille warm, aber für den Motorradfahrer kühl ist? Müßte sein Gesicht durch die Luftreibung nicht gerade warm werden?" – Oder (schon wissenschaftlicher): „Warum sind die ‚Spektrallinien' schmal und gerade wie Streichhölzer? Warum nicht kreis- oder brezelförmig?"

Das traurige Gesamtergebnis dieses Tests, in Oldenburg wiederholt, war dort fast genau dasselbe.

In dem Sammelband „Zur Pathologie des Unterrichts" kam ich 1971 noch einmal zurück auf die Frage: „Was bleibt? Verfolgt am Beispiel der Physik", und zeigte an Einzelheiten, wie und warum „das Physikverständnis" sehr bald nach dem Ende der Schulzeit „wenn nicht verschollen, so doch in einer charakteristischen Weise verkommen ist".

Unter meinen Beispielen waren einige journalistische Entgleisungen aus der Zeit der Mondlandung, 1969. Sie können als Muster eines Sinnen-losen und darum verkehrten Allgemeinwissens gelten. Ich erzähle hier nur das Interessanteste: Es ist ja eine einigen bekannte Tatsache, daß die Meisten (wenigstens unter uns Deutschen) in der Schule glauben gelernt zu haben, der monatliche Gestaltwechsel des Mondes komme daher, daß „der Erdschatten" ihn mehr oder weniger verdunkele. Die meisten halten daran eisern fest („Ja, so ist es doch!"), keiner sieht hin. Ich habe dieses Warnzeichen mehrmals analysiert. Hier füge ich nur an: diese falsche oder mißverstandene Schulinformation wird *so* blind geglaubt, daß sie sogar konsequent weitergedacht wird (was ja nun wieder anzuerkennen ist) durch Übertragung auf das, was die Astronauten vom Mond aus sahen. Das Dogma bleibt erhalten, auch wenn etwas offensichtlich Unhaltbares dabei herauskommt: Im Süd-Kurier vom 31. Mai 1969 findet man die Photographie der Erde, wie sie über dem Mondhorizont am Mond-Himmel schwebt, in Gestalt einer halben Kreis-Scheibe, oben rund, unten durch die Mitte gradlinig abgeschnitten. Die beleuchtende Sonne hat also ungefähr im Zenit des zur Erde schauenden Astronauten gestanden. Der Text dazu: „Die Erde steht voll am Himmel, wird jedoch zur Hälfte vom Mondschatten verdunkelt". – Ein starkes Stück.

Es geht mir nicht um den Mond. Es geht auch nicht nur um Physik:

Das Beunruhigende beim Vergleich der Kinder-Wachheit und dem wie-im-Schlaf-Hersagen der Erwachsenen ist mir nicht die Unkenntnis sondern das *Schein*wissen.

Entstanden nicht auf dem Boden, sondern auf Kosten der Phänomene: *verdunkelndes Wissen*.

„Rettet die Phänomene!"

Zeichnungen von Hugo Kükelhaus hatte ich bisweilen gesehen und hielt ihn für einen graphischen Künstler. Sein Feld mußte aber sehr viel ausgedehnter sein, denn immer wieder fragte man mich, ob ich ihn kenne; da sei doch eine große Verwandtschaft zu spüren in der Art, der Natur zu begegnen. Das bestätigte sich: Im Jahre 1973 nahm Kükelhaus über einen Tübinger Studenten Fühlung mit mir auf, besuchte mich Ende des Jahres und lud mich ein, bei dem von ihm für das Frühjahr 1975 geplanten Kongreß „Organismus und Technik" (innerhalb der Internationalen Handwerksmesse „Exempla 75" in München) einen Vortrag zu halten.

Die Referate dieses Kongresses sollten eine ungewöhnliche Art von Ausstellung einleiten und begleiten, ein „Experimentierfeld zur Organerfahrung". Ihre Besucher sollten nicht wie in Museen, Konzerten, Schulen ihre Sinne nur aufnehmend gebrauchen: Sie wurden verlockt, aktiv zu werden, mitmachend, experimentierend bei „Versuchen und Spielen zur Erfahrung der Sinne".

Ich sagte zu und schrieb ein Jahr lang an dem Vortrag „Rettet die Phänomene!" – Während Kükelhaus sich in großer Frontbreite an Alle richtete, wandte ich mich an die Lehrer (und damit ja ebenfalls an Alle, die einmal Schüler waren) im besonderen an die Physik-Lehrer, da ich wußte, wie viele Schulkinder einen Physikunterricht erleiden müssen, der diese *Natur*wissenschaft kaum als solche erkennen läßt, sondern die Natur-Phänomene nur noch im Vorbeigehen streift, um dann eilig ins Apparative, Abstrakte, Laborhafte, Technische und Mathematisierte sich zu versteigen, so daß die Kinder nicht mehr blickend, lauschend, handelnd teilnehmen. In einer bloßen Zuschauerhaltung lahmgelegt, können sie nicht einmal sinnlich-körperlich anwesend sein und deshalb auch die Abstraktion nicht wirklich leisten.

Vortrag in München: „Rettet die Phänomene!" (1975)

Physik, eine bezaubernde Wissenschaft, solange sie spüren läßt, wie sie auf *Natur*-Phänomene sich *gründet*, um auf diesem *Fundament* ihr begriffliches Gebäude zu errichten – diese Physik ist in Unterricht und Lehre (die dem Fortschritt der Forschung allzu atemlos folgen) nahe daran, ihr Fundament als Abraum zu mißachten oder gar zu verleugnen. Kein Wunder, daß Physik kein beliebtes „Fach" ist. Was nicht auf den Phänomenen steht, wird nicht verstanden und deshalb schnell vergessen. Die sich bis zum Abscheu steigernde Ablehnung, mit der viele Kinder diesem Fach den Rücken kehren, kam erst 1979, dank einer Umfrage der Deutschen Physikalischen Gesellschaft, den Physikern zum Bewußtsein.

Das „Versuchsfeld zur Organerfahrung", von Kükelhaus mit Leidenschaft und Beharrlichkeit vorbereitet, wanderte nach seinem Münchener Aufbruch mit ungewöhnlichem Erfolg während der Jahre 1975 und 1976 durch viele deutsche Städte. Bei einigen dieser Stationen hielt ich meinen Vortrag (München, Darmstadt, Hannover, Osnabrück, Kiel, Zürich); danach und zugleich, unabhängig von Kükelhaus, eingeladen von pädagogischen Institutionen und Gruppen noch in acht anderen Städten bis 1978.

Es zeigte sich, mir unerwartet, daß dieser Aufruf ganz mit dem öffentlichen Bewußtsein dieser Jahre im Einklang stand und auch mit den verhaltenen Hoffnungen vieler Lehrer. Besonders in der Schweiz wurde er gern gehört, gelesen und nachgedruckt, nachdem er zuerst in der bemerkenswerten „Vierteljahresschrift für skeptisches Denken: Scheidewege" (Klett, 1/1976) erschienen war. Zuletzt, zu meiner besonderen Freude, auch in der „Zeitschrift für den mathematischen und naturwissenschaftlichen Unterricht" (1977, S. 129–137), nachdem ich ihn auf der Hauptversammlung des zugeordneten „Fördervereins" in Darmstadt, 1976, vorgetragen hatte.

Zum ersten Mal, glaube ich, gelang es mir, nicht nur Lehrer, sondern die Öffentlichkeit zu erreichen und mit ihren mehr oder weniger bewußten Wünschen in Resonanz zu kommen. Kükelhaus, dem ich die erste Anregung verdanke, meine alte Überzeugung in eine allgemein verständliche und nicht nur kritische Form zu bringen, Kükelhaus mit seinem viel umfassenderen Impuls, wurde von derselben Welle getragen, die er verstärkte. Es scheint, daß sie noch nicht verebbt ist.

Lichtung?

Eine Wende kam – um 1975 sagt man. Das Mißlingen wurde offen ausgesprochen, die Pädagogen begannen darüber zu diskutieren. Vermutlich geschah dieser Durchbruch als Teil eines umfassenden Umschlags im seelischen Klima des „öffentlichen Bewußtseins": Man sprach von der „Tendenzwende". Ein Aufwallen der Gefühle; Tauwetter für die Eisigkeit der wahnhaft verabsolutierten Rationalität.

Schön wäre es, wenn mein Appell „Rettet die Phänomene!" zu dieser Welle beigetragen hätte.

Kaum berührt von dieser Wendung blieb bisher (1982) die Praxis der normalen öffentlichen Schule. Das ist auch anders schwer möglich in einem Lande, das nach seinem Grundgesetz die Schule als Sache des Staates bestimmt. Behördlich Eingeführtes kann nicht schnell abgeschafft werden.

So muß die Schule wie verhext fortfahren in verhärteten Fahrrinnen, von denen mir zwei als die schlimmsten erscheinen:

1. Der Aberglaube an eine objektive und genaue Meßbarkeit der Schulerfolge („Leistungen"); eine Illusion, die noch dazu nicht bemerkt, daß eben als Folge der unaufhörlichen Meßkontrollen die „Leistung" von der Qualität in die Quantität verkommt.

2. Das ungestörte Weiterreden und sich Verstecken in dem unseligen Fachjargon, einer Retortensprache (besonders in der Lehrerbildung), die oberhalb und außerhalb dessen verläuft, wovon sie zu reden vorgibt. („Kompetenz, Performanz, elaboriert, restringiert...")

„Der Normalpädagoge traut sich nicht mehr, etwas anderes wahrzunehmen, als was in die wissenschaftlichen Begriffsschatullen paßt" (von Hentig (1974).

Noch 1981 gibt es Studienseminare, die nachdenken über – etwa – „Internalisierungsprozesse und ihre Operationalisierbarkeit".

Die Hoffnung ruht im Blick auf die „Freien Schulen" und die gesetzliche Milderung der staatlichen Gewalt.

Die Jüngeren

Zwischen 1975 und 1980 erfuhr ich viel Gutes, Unerwartetes. Ende 76, als ich achtzig wurde, schrieben einige Freunde etwas für mich in der „Neuen Sammlung".

Horst Rumpf habe ich schon vorgestellt. (S. 56) – Er ist inzwischen mein wichtigster Partner unter den Pädagogen geworden und in seinen erfrischenden Arbeiten ein treffender Interpret.

Christoph Raebiger ist in meinem Leben schon ganz früh dagewesen und dann immer wiedergekommen.

Er hat als Schüler in meinem Unterricht gesessen, so kurze Zeit freilich, daß ich es gar nicht merkte, in Darmstadt, als diese Stadt kein volles Jahr mehr zu leben hatte, bevor sie in Asche sank, 1944. Er wußte 1976 noch von diesen Physikstunden und hat sie beschrieben; es stimmt: so war es – wenn es gelang. Deshalb will ich es hier abschreiben:

„Sein Physikunterricht war ganz anders. Er doziert nicht, wie damals allgemein üblich, was wir als Obersekundaner zu begreifen hatten. Er schweigt und wartet geduldig, bis wir uns selbst äußern, zunächst zaghaft, dann freier. – Was dabei in einer Stunde herauskommt? Nicht viel, scheinbar gar nichts. Doch der Schein trügt. Ungestört ruhige Besinnung auf einen Naturvorgang in schrecklicher Zeit, ist das nichts? Ist das nicht vielmehr genau das, was uns so lebensnotwendig mangelt? Nur, wie kann der Mann sich solch einen Unterricht überhaupt leisten, in der Hektik dieser Tage, wo Schnellkurse die Regel sind?

Schließlich, die Besinnung trägt Früchte, ein Gespräch unter den Mitschülern entfaltet sich, langsam die Sache immer enger umkreisend. Umkreisend in des Wortes eigentlicher Bedeutung, denn es geht um die Keplerschen Gesetze. Wir spüren und verstehen nun:

,... daß nämlich der Mond, wäre er weiter entfernt als er ist, nicht so schnell zu fliegen brauchte als er tut, weil weiter draußen die Erde nicht mehr so stark an ihm zöge als da, wo er kreist; er brauchte sich nicht so zu beeilen, um dem ständigen Sturz gerade auszuweichen. Und umgekehrt, wäre er näher, so müßte seine Geschwindigkeit größer sein, um den Sturz zu hindern. Und: ‚Mit dem dritten Keplerschen Gesetz hat man zugleich das zweite: Wenn der einzelne Planet selber bald näher bald ferner der Sonne läuft, so muß auch er in der Nähe der Sonne schneller laufen als dort, wo er draußen allmählich umkehrt.‘

(Das von Raebiger gewählte Beispiel läßt erkennen, wieviel mehr an Verständnis eine solche, im Gespräch allmählich zusammengebaute und gefeilte Fassung aussagt als die bekannten Gleichungen.)

1956 hospitiert Raebiger im „Schuldorf Bergstraße" bei meinen „Schmalspur-Physikern", später in meinem Seminar an der Universität Frankfurt.

1966 fahren wir zusammen eine Woche nach Münchenwiler, einem alten Schloß im Berner Oberland, wohin uns eine Lehrergruppe eingeladen hatte, um mit ihnen „exemplarisch" zu arbeiten. (Gespräche mit – von der Norm wegstrebenden – Schweizer Lehrern gründeln tief. „Jetzt weiß ich", habe ich zu Raebiger gesagt, „was ich immer gemeint habe." (1968 erschien das kleine Beltz-Buch „Verstehen lehren", das 1982 seine 7. Auflage erreichte.)

Dort, das schalte ich ein, erhielten wir Besuch von Walter Heitler. Ein liebenswerter Mann und großer Physiker aus der Blütezeit der Quantenphysik, damals 60jährig. Er gefiel uns sehr, weil er Sinn für Schule hatte, zu uns heraufkam und trotz seiner Quantentheorie (oder gerade deswegen) vor der Modernitäts-Neigung der Schulphysiker warnte:

„Ich glaube nicht, daß es gut ist, in der Mittelschule viel von Atomphysik und Elektronen zu reden. Jede anschaulich räumliche Vorstellung dieser Gebilde ist ganz einfach falsch.
Die Wahrheit ist erst nach gründlicher Denkschulung frühestens in den mittleren Semestern des Physikstudiums erfahrbar..."
Wir blieben locker verbunden, Bücher tauschend. Ich traf ihn noch einmal, im Zürcher Hauptbahnhof, trotz Sonntag-Nachmittags-Gewühl, an einem kleinen Café-Tisch, und war ganz eingenommen von dem schwermütigen Charme dieses religiösen Menschen, der litt

113

unter den technischen Folgen der Kernphysik. – Sein Herztod, November 1981, (während ich dies schrieb) bekümmerte mich sehr. Auch er gehörte zu den Menschen, von denen man vorher nicht weiß, wie schwer man ihren Tod nehmen würde.

Zurück zu Raebiger, inzwischen Professor für Physikdidaktik an der schönen kleinen Pädagogischen Hochschule in Hagen, wo ich noch einen Vortrag halten konnte, 1976, kurz bevor sie in die Universität Dortmund „integriert" wurde, entsprechend dem Zug der Zeit nach garantierter „Wissenschaftlichkeit". Den ich nicht für pädagogisch gut halte. Denn ich bezweifle, daß die *Schul*-Didaktik in den Hochschul-*Fach*-Bereichen der Physik gut untergebracht ist. Abgesehen von den wenigen großen Ausnahmen ist der forschende Fachmann von den neuesten Eroberungen seiner Wissenschaft gefesselt, und damit dem kindlichen Denken entfremdet. Er lehrt unwillkürlich von oben nach unten.

1976 also war Raebiger unter den Autoren, die im Heft 6 der „Neuen Sammlung" zusammengetreten waren. Sein Beitrag: „Betrachtungen und Skizzen zu einem genetisch orientierten Physik-Lehrbuch". Es enthält Passagen aus dem Entwurf eines solchen Lehrbuchs, für 12jährige geschrieben, im Einklang mit deren eigener Sprache. Hier konnten die Schüler lesen (und deshalb erleben), daß ein von heißem Wasserdampf aufgeblähter Gummiballon unter einer „*Dusche*" kalten Wassers „vor *Schreck*" ganz „zusammenschnurrt". Oder daß Magnetpole schon von ferne einander „*wittern*" und sich einander „zuwenden". Aber so etwas ging der prüfenden Schulbehörde denn doch zu weit: Nicht zugelassen! Unwissenschaftlich! „Popularisierung"! (Newton durfte so etwas noch!: „Wie die Pole zweier Magneten einander *antworten*" – „as the Poles of two Magnets answer to one another")

Der Dritte: Emanuel Röhrl. Auch er ein früher Begleiter, ja Förderer. Noch junger Assessor, 1954, verlockte er mich zum ersten Mal zu einem Vortrag in einer Jahreshauptversammlung von „MNU", dieses mächtigen Verbandes der gymnasialen Mathematik- und Physiklehrer, der seitdem ein so unsicheres

Verhältnis zu mir bekundete. Bald danach, als Mitarbeiter des Oldenbourg-Verlags verhalf mir Röhrl zum Druck meines kleinen Buches „Die Erde unter den Sternen" (1955 bis 1965, dann bei Beltz bis 1969, wo es dann nach 8 Auflagen erlosch und seitdem vergriffen blieb). Röhrl, 1958–68 bei Klett, war mir auch dort ein guter Freund. 1976 wurde er Professor für Mathematik-Didaktik an der Universität Frankfurt. Seine Antrittsvorlesung war zugleich sein Beitrag zu jenem Geburtstagsheft der Neuen Sammlung: „Die guten Vorsätze, mit denen Mathematiklehrer einen neuen Weg zur Hölle pflastern".

Seine eigenwillige Frische zeigt auch ein zweiter Titel: „Von der prinzipiellen Schädlichkeit der Schulbücher".

Im November 1981, 55jährig, fand Emanuel Röhrl in den Dolomiten den frühen Bergsteigertod.

Zu diesen jüngeren unter den „alten Freunden" stößt ganz unerwartet im Frühling 1976 ein neuer, noch jüngerer: Unter den gelegentlichen Besuchern meines Darmstädter Seminars findet sich ein Pädagoge aus Berlin ein: Hans Christoph Berg; rotbärtig, mit festem Blick aus hellem Auge. Vor Jahren hat er mich bei einem meiner Vorträge von weitem gesehen und dann gelesen. Er zeigt sich nicht nur genau informiert, er ist auch der Leser und Partner, den ich meine: nicht Naturwissenschaftler, doch angezogen von der Fusion Physik-Pädagogik, die er bei mir findet: während ich berührt bin von seiner pädagogischen und schriftstellerischen Stärke.

Die Verbindung festigt sich so schnell, daß er in jenem Dezemberheft 1976 der „Neuen Sammlung" schon mit dabei ist und gleich einen fundierten Vorschlag bringt: Es sei jetzt an der Zeit, ein Studienbuch erscheinen zu lassen mit ausgewählten meiner Aufsätze. Ein Entwurf zur Komposition ist schon angefügt. – Ich sage Ja! Die Freunde stimmen ein. Er macht sich dran.

Junge Schweizer

Am liebsten fuhr ich ja in den siebziger Jahren in die Schweiz, zu diesen lockeren Gruppen junger Lehrer, die sich als Freie Pädagogische Arbeitskreise oder ähnlich bezeichneten. Selbständige Köpfe (und solche die es werden wollten), denen das Offizielle nicht genügte; sie holen sich zu Wochenendtagungen Leute, die ihnen einleuchteten. Waldorflehrer fehlten selten. – Bei uns habe ich Vergleichbares nicht angetroffen. Lehrer sehen dort auch anders aus. Die Bärte sind echter, die Blicke offener; die Sprache kerniger, und gerade in den Abweichungen erscheint sie deutscher als unser Deutsch.

Diese Reisen kamen seit etwa 1971 in Gang, mitausgelöst vielleicht durch den Zürcher Kongreß „Zeit- und Leitbilder" vom Sommer 1971 (wo ich den Vortrag „Wissenschafts-Verständigkeit" hielt).

Gespräch mit jungen Lehrern. „Das Wasser läuft nicht aus dem umgekehrten Glas!?" (1983)

Ich zähle die Orte solcher Besuche auf: Rüschlikon, Eberts-wil, Solothurn, Rüschlikon, Rüschlikon, Ebertswil, Wald, Ebertswil, Liestal, Ebertswil (noch 1982). Der häufigste Ort, Ebertswil, bedeutet: nahe dieser Gemeinde die alte freiliegende Jugendstil-Villa „Iskandaria" (von einem Türken erbaut) mit weitem Blick auf die Alpen und den See und mit einem anmutigen halbwilden Garten. Dort hat Marcel Müller-Wieland (Zürich) eine ortsfeste „Freie Pädagogische Akademie" entstehen lassen. Bei diesen Tagungen erlebte ich einen Stil des Miteinander-Lebens, der Erinnerungen an die Odenwaldschule wachrief, ja an den Hauch „Wandervogel" von 1913. Die „Zwanziger Jahre" schienen nachgerückt. (Kein Wort hörte ich dort aus der erziehungswissenschaftlichen Retortensprache.)

Keine Vortragssäle, nur die alten großen Wohn- und Schlaf-räume. 20 bis 30 Teilnehmer, meist junge Männer und Frauen.

Kleiner Auszug aus dem Protokoll eines Gruppengespräches, das dort im Jahre 1978 stattfand. (T. bedeutet irgend einen Teilnehmer, W. mich.)

„Man sitzt um einen großen ovalen Tisch herum.

W.: „Am Anfang brauchen wir ein *erstaunliches* Phänomen, ein *sonderbares.* – Wie ist es denn, wenn man ein Glas beim Spülen aus dem Wasser zieht? – Haben Sie da mal etwas *Auffälliges* bemerkt?"

T.: „Wenn man so ein Glas heraushebt, so nimmt man erst das Wasser mit hoch, bis es dann plötzlich rausläuft."

W.: „Sie haben aber nicht alles erzählt..."

T.: „Ach so, ja: Mit dem Boden nach oben, umgekehrt also. Unter Wasser ist es ganz voll Wasser, Wasserspiegel höher. Bleibt drin."

W.: „Nun mal ganz genau..."

T.: „Wenn ich ein Glas unter Wasser ganz voll mache und es dann mit dem Boden vorsichtig über das Wasser hinaus hebe, so daß sein Rand nicht über die Wasseroberfläche kommt, dann geht das Wasser im Glas mit."

W.: „Wie meinen Sie das ‚geht mit'?"

T.: „Die Wasseroberfläche im Glas ist dann höher als die in der Wasserschüssel. Das Wasser bleibt drin."

W. (Zu den anderen): „Wissen Sie, was er meint? Schon mal gesehen? – Ich seh es Ihnen an, daß Sie es nicht vor sich sehen!"

T. (Weiblich, lachend): „Ja dann müssen wir's eben mal machen, damit wir's vor uns haben!"

Auf dem riesigen alten Tisch wird eine Folie ausgebreitet. Vorsichtig wird eine Zinkwanne voll Wasser hereingetragen und draufgestellt. – Man steht auf. – Einige beginnen, zögernd, andächtig zu spülen.

W. (an T., der anfangs den Versuch vorgeschlagen hat): „Ist es so richtig?"

T.: nickt. – Gemurmel bei den anderen.

W.: „Ja, was wir *gemacht* haben, das ist jetzt klar."

Man setzt sich wieder.

W.: „Jetzt: Was ist hier das Problem?"

T.: „Daß das Wasser im Glas bleibt, erstaunt mich. Sonst leert sich doch Wasser aus."

T.: „Wir sind gewohnt, daß das Wasser ausfließt. Es widerspricht der Gewohnheit."

Älterer Gast: „Wieso? es ist doch „gewöhnlich": *immer*, wenn ich spüle, ist es so. Man wundert sich doch nicht darüber.

Mehrere T.: „Doch! Ich habe mich schon früher darüber gewundert."

T.: „Das Wasser kann nicht raus. Denn..."

W.: „Wieso, will es denn?"

T.: „Es will schon – aber *da* drin (in der Wanne) ist halt viel *mehr* Wasser. Da kommt es nicht gegen an. Es kann sich nicht durchdrängen. Einer gegen viele!" (Gelächter)

W.: „Das ist doch richtig. Die Menge machts!"

T. (zögernd): „wenn im Glas *mehr* Wasser wäre ..., wenn das Wasser im Glas so viel wäre wie draußen ..."

W.: „Ja, ja! Da drängen sich Experimente auf, wie?"

T.: „Ja, wenn wir statt der Wanne einen Suppenteller ... nein das geht nicht!"

Mehrere stimmen aber zu. Ein Teller wird geholt.

T. versucht es mit Bierglas und Suppenteller. Es mißglückt

118

zuerst, weil das Glas gleich zu hoch gehoben wird. Dann klappts: Das Wasser bleibt im Glas, auch wenn das Glas (umgekehrt) nicht auf dem Teller ruht.
Erstauntes Lächeln. –
So weiter, zwei Stunden lang."

Einmal, vor kurzem (1982) – meine Frau war dabei – am frühen Morgen des zweiten Tages, nach dem Aufstehen, setzt unvermittelt eine nie gehörte, berauschende Musik das Haus wie unter Wasser. Ein ganzes Orchester? Weit draußen oder im Gebäude?

Wir schleichen suchend das Treppenhaus hinunter und finden unten, in der kleinen Vorhalle, umstanden von einer engen Ring-Mauer von gebannt Lauschenden, den einzigen Urheber, den jungen Spieler vor seinem „Hackbrett", einer Art Doppel-Zither, wie er mit weich federnden Klöppeln in den Händen die ungedämpften Saiten fliegend übertanzt. Eine süß-ernste, eine leidenschaftliche Musik. Cembalo, Harfe, Flöte und Wind scheinen verwebt. Eine kleine braune Geigerin tritt hinzu und fügt ihr Spiel improvisierend vollkommen ein. Jetzt eine einzelne Singstimme dazu: Dann singen sie alle ihre schweizer Lieder.

Nach dem Ende steht nur noch der weiter träumende Spieler da, das Mädchen, und ein Physiker, der tief interessiert die Saiten-Spannung untersucht, und wir.

Nachher, beim Frühstück, erzählt die warmherzige Stimme eines Dreißigjährigen: „Ja, das Hackbrett ... Im Kán-ton Áppen-zell ist es früher ja einmal verboten gewesen, weil es da noch keine Geburten-Beschränkung gegeben hat..."

Filiale Marburg

Berg, inzwischen Professor an der Universität Marburg, hört im Sommer 1977 durch einen Studenten: Da ist noch jemand, der von Wagenschein redet. – Sie treffen sich: Dr. Susanne Mumm, Dozentin für Linguistik.

Vor fast 20 Jahren war sie eine meiner letzten Schülerinnen im Schuldorf Bergstraße gewesen, im Kurs der „Schmalspur-Physiker". Vorn, erste Reihe links, äußerst wach und heiter. Unvergessen. Die beiden halten nun gemeinsam und auch einzeln Seminare über mein Wollen und Tun. (Ich bemerke die Parallele der Linguistik.) Sie besuchen mit Studenten mein Darmstädter Seminar; ich halte einen Vortrag in Marburg. Dann kommt auch Raebiger aus Dortmund dazu mit Lehrauftrag. Es war eine schöne Zeit. Später zieht Mumm nach Süden. – Raebiger kommt immer noch (1983).

Ehrenpromotion

Ohne die veränderte Stimmungslage hätte mich kaum die Auszeichnung vom Februar 1978, die Ehrenpromotion der Technischen Hochschule Darmstadt erreicht, die mich ebenso überraschte wie – ich muß es schon sagen – beglückte. Merkwürdig, daß sie mich mehr bewegte als die früheren Anerkennungen durch die Pädagogen und den Staat. Warum?

Von weit außen gesehen hätte man mich in all den Jahren wohl leicht als einen aus seinen „Fächern" emigrierten Quasi-Pädagogen sehen können. Indessen ist meine Gesamtrichtung dadurch bestimmt, daß ich die Schulphysiker und die Schulmathematiker angriff, weil ich nicht verstehen konnte, ja weil es mich erbitterte zu sehen, daß sie ihre Fächer nicht so vertraten, wie sie es als Wissenschaften verdienten, und wie es nach meinem Gefühl sein sollte und auch könnte. Freilich: Pädagogisch gesehen!

So entstand meine Abweichung von der vorherrschenden Richtung der Gymnasialkollegen: „Normalerweise" sollte man nach Lehrplan unterrichten und die Freizeit für das Studium der weiteren Fortschritte seiner rastlosen Wissenschaften einsetzen, um „Schritt zu halten, auf der Höhe zu bleiben, zeitgemäß zu sein".

Nach meiner Entdeckung der Odenwaldschule und ihrer Durchwanderung, kurz: nach meiner pädagogischen Erweckung, war der Zauber meiner Wissenschaften, der mich während meines Studiums ergriffen hatte, (ohne daß ich ihm geradezu erlegen wäre), er war mir geblieben. Nur hatte ich dazugelernt, daß man besser an den Anfängen dieser Wissenschaften als an ihren heutigen Formen begreifen, und in den Schulen begreiflich machen kann, was sie im Grunde sind und tun.

Ich sah meine Aufgabe: Vom Vorrang des *Verstehens* zu überzeugen, und daß dies Verstehen zu geschehen habe als ein *Hervorgehen* des wissenschaftlichen aus dem kindlichen und dem jugendlichen Suchen und Finden, Denken und Entdecken; wie auch aus der Jugend der Wissenschaft. Und zwar zur Rettung der Spontaneität und der Kontinuität. Das ist ein *pädagogisches* Prinzip, das *genetische*.

Jene Schul-Fach-Kollegen, die mir nicht grün waren und dabei bleiben mußten, hatten und haben ganz andere Ziele und Wege: das kindliche Denken möglichst früh und schnell durch das wissenschaftliche zu überwinden, zu ersetzen, umzutauschen; und dabei als Lehrer von Anfang an die heutige Wissenschaft im Auge und Kopf zu haben.

Ich meinte also etwa dasselbe, was ich dann später auch bei Freudenthal und Wittenberg antraf, beide Mathematiker: „Wiederentdeckung einer Wissenschaft von Anfang an, unter Führung". Und vorher, unter den Physikern, fand ich es bei Mach (der ja nicht nur Physiker war). Er sagte es (vor hundert Jahren) seinen Kollegen vergeblich:

„Am besten werden die bescheidenen Anfänge der Wissenschaft uns deren einfaches und stets gleichbleibendes Wesen enthüllen."
Dann, an anderer Stelle:
„Der naturwissenschaftliche Inhalt der Mechanik ... aus welchen Quellen wir ihn geschöpft haben ... liegt eingeschlossen und verhüllt in dem intellektuellen Fachapparat der heutigen Mechanik".

Die meisten Lehrenden an Schule und Hochschule wollen nichts davon wissen. Sie sehen sich verführt oder genötigt, die Wissenschaft in ihrer verhüllten Form darzulegen. Trotz Mach, Poincaré, Polya, Toeplitz, Freudenthal und Wittenberg, und in meiner räumlichen Nähe: Schmieden und Laugwitz. Es sind das vorwiegend Mathematiker. Sie werden eben nicht so unmittelbar und eng wie die Physiker bedrängt von den Interessengruppen der Technik, der Industrie und der Wissenschaft. Sie reden ganz offen von Gebilden, die man nicht fassen und nicht sehen kann. Die Physiker dagegen finden sich schnell auf das Nützliche verlockt und gehen im allgemeinen dem genetischen Prinzip, wenn auch oft verlegen seufzend, aus dem Wege.

So kommt es wohl, daß schon immer in Gesprächen meine Kritik sowohl wie meine Vorschläge von Mathematikern freundlich und ernst aufgenommen wurden. Nur setzten sie mich oft in Verlegenheit, weil sie meine substantiellen mathematischen „Kenntnisse" überschätzten. Ich mußte ihnen dann erwidern, daß ich nur ein Lotse für Küstengewässer sei, im Gespräch mit Hochseekapitänen. Oder, noch schlimmer, daß ich mir in ihrer Runde vorkomme wie ein Medizinmann unter Medizinern.

So ist es auch verständlich, daß die Initiative zu der Ehrenpromotion vom Fachbereich Mathematik ausging, dem sich dann Mechanik, Physik, Erziehungswissenschaft mit Psychologie anschlossen. So kam insgesamt ein Ehrendoktor „der Naturwissenschaften" heraus. Damit ist Physik zweimal gedeckt, denn sie steckt auch schon in meinem alten Dr. phil. von 1920, der ein physikalischer war, aber damals noch von der Philosophischen Fakultät umfaßt wurde. Das ist mir ganz recht, da Physik im Vergleich zur Mathematik mein noch tieferes Interesse hat (weil sie mir „wirklicher" erscheint), und weil ich meinen Hang zum Philosophieren nicht verberge.

Dazu fügt es sich dann wieder, daß die bewegendste Laudatio von der Physik kam, aus dem Fachbereich Mechanik, von dem führenden Hydrodynamiker Ernst Becker (TH Darmstadt), der mich genauer kannte als irgend einer der Anwesenden, da er 1949 bei mir Abitur gemacht hatte an unserer kleinen Traisaer Schule. Ich scheue mich nicht, einen kleinen Teil seiner Rede hierher zu setzen, so wie ich auch nicht zögerte, Sprangers Worte anzuführen. Beide zusammen sind geeignet, mich über kleinmütige Anwandlungen hinwegzuheben.

Ernst Becker zitierte einen Satz aus der Schulrede vom Jahre 1800, die Johann Gottfried Herder im Weimarer Gymnasium hielt: „Wie liebliche Worte, liebliche Gebärden und Gedanken von denen, mit denen wir leben, in uns übergehen, so auch die Gedankenweise des Lehrers beim Vortrag der Wissenschaft, gleichsam die Melodie seiner Seele". Und sagte dann: „Die Melodie Ihrer Seele hat in mir Resonanz gefunden, Ihre Gedankenweise ist in mich übergegangen. Sie haben mich nicht nur mit einfühlendem Verständnis bei meinen ersten Schritten ins Reich der Wissenschaft begleitet. Sie haben mir darüber hinaus durch ihr unaufdringliches aber verpflichtendes Vorbild das Maß gegeben für Tiefe des Verstehens und Gründlichkeit des Denkens und – das will ich ausdrücklich erwähnen – für die Klarheit, Kraft und Lauterkeit der Sprache, in der sich diese Tiefe und Gründlichkeit ausdrücken. Sie haben in mir auch die Sensibilität für Fragen des Unterrichts und der Lehre geweckt, die mich als Hochschullehrer immer wieder bewegen. Die vielen behutsam gegebenen Anregungen wirken fort. Auf dem Fundament, das Sie gelegt haben, baue ich noch immer." –

Schön und neu: das Gefühl einer Zuwendung, ausgehend von den Vielen, die gekommen waren zu einer Feier ohne Steifheit in freundlichem Ernst.

Dazu kam noch ein Brief Freudenthals mit einem Wort, das ich annehme in seiner Genauigkeit: ich sei „das erzieherische Gewissen des Fachwissenschaftlers".

Das „Berg"-Buch

So nenne ich es für meinen inneren Gebrauch. Denn Hans Christoph Berg hat es gebaut [8]. Zwar haben wir zusammen darüber nachgedacht, welche meiner Arbeiten in dieses Studienbuch gehören sollten, und besprachen es auch mit dem beratenden Freundeskreis (Heidi Gidion, Susanne Mumm, Christoph Raebiger, Emanuel Röhrl, Horst Rumpf). Aber bald waren wir alle mit Bergs Inszenierung so weit einverstanden, daß er sich frei der selbst gestellten Aufgabe mit Engagement und einfallsreicher Regie zuwenden konnte, „als wär's ein Stück von ihm".

Schon in jenem ersten Vorschlag eines „Lektüre-Kurses" von 1976 war nicht einfach eine geordnete Folge meiner – wie er sagt – „Ernte-Aufsätze" – gemeint. Er stellte ihnen voran: Proben meiner Kritik am „schulüblichen Scheinwissen", kontrastierend mit Zeugnissen des originalen kindlichen Rätselns, Grübelns und Herauskriegens.

Jetzt, in dem Buch (dessen Manuskript Ende 1978 vorlag), geschieht nun dieses Muster in jedem physikalischen oder mathematischen Kapitel (Licht – Magnet – Fallgesetz – Geometrie – Himmelskunde) immer wieder. Jedesmal wird der Leser nach dem rüttelnden Kontrast von schulischer Verdunkelung und kindlicher Erhellung mitgenommen in eines meiner Beispiele für das ruhige genetische Suchen und Finden und seine Gründlichkeit, die „im Einzelnen auf's Ganze geht".

Durch diese Dramaturgie wird deutlich, was Berg als das hier Wesentliche erkennt: Das *„Ineins"* von Physik und Pädagogik und das Ineins von der Frühzeit der Physik und der Frühzeit des kindlichen, des jugendlichen, des von Schulwissen noch unbefangenen Denkens. Er läßt auch keinen Zweifel aufkommen, daß meine Kritik (er nennt sie eine „Urprotestantische Figur") nicht wissenschaftsfeindlich ist, sondern „eine Reinigung von innen darstellt; nicht Nestbeschmutzung, sondern Tempelreinigung, keine Klage in der Wüste, sondern Führung zur Oase".

Als ich das fertige Buch in der Hand hatte, im Mai 1980, las ich wochenlang täglich darin herum, immer wieder überrascht, wie in einem spannenden Abenteuerroman. Ich trug es mit mir von einem Zimmer ins andere und ertappte mich mitten im Treppensteigen beim Lesen, die Hand am Geländer.

Manche der ausgewählten Texte hatte ich sehr lange Zeit nicht angesehen. So erschienen mir viele wie neu, oder doch „in neuem Lichte". Ja es kam vor, daß dabei die Erinnerung einen winzigen Augenblick lang verlosch und ich dachte: Schade, daß nicht du das geschrieben hast!

Besonders freute es mich, daß Berg einige der Stücke aufgenommen hatte, die den „strengen" Physiklehrer durch ihre Sinnenhaftigkeit befremden, während sie die Nicht-Physiker für Physik einnehmen: Etwa das morgendliche „Das Licht und die Dinge" oder „Das große Spüreisen", jene Miniatur, die fast dreißig Jahre zuvor, einige Physiklehrer erbittert hatte, und die Berg nun wie eine Fahne dem ganzen Buch voranstellte.

Das von Berg ausgewählte Titelblatt der Schneekristalle gefiel mir ausnehmend; meine Frau fand es unüberbietbar: Eine um sich greifende Kristallisation, ein Bild des ansteckenden Verstehens.

Diese nicht lineare, diese aufrüttelnde Aufführung und Einführung hätte nie ein Fachmann leisten können; auch ich selbst nicht (immer noch zuviel Fachmann), abgesehen davon, daß niemand sich selber von außen sehen kann. – Aber auch das Andere erscheint mir erstaunlich: daß hier dieser Nicht-Naturwissenschaftler, der nie „bei mir gehört" hatte, plötzlich aus dem Dunkel aufsteht, und zu mir gehört. Ganz aus der Kunst des reinen Lesens und nichts auslassendes Verbindens hat er mich umfassender verstanden als je ein „Hörer" konnte. Wenn ich das Berg-Buch durchlaufe und übersehe, kommt es mir vor, wie der hochmusikalische Durchzug eines Wolken- und Sonnen-Wetters, aus dem Strahlenbündel bald diesen, bald jenen Ort meiner Landschaft ins Licht setzen. Berg hat die Regie als Pädagoge geführt, und am Ende ist alles klar, an allen Horizonten.

Nachklänge

I

Um 1955, bei hessischen Lehrplanbesprechungen war mir Wilhelm Kraus ein Bundesgenosse. Leiter eines oberhessischen Gymnasiums, ein gütiger integrer Mann, leidenschaftlicher Denker und Kinderfreund; mit dem schmerzlichen Charme dessen, der sich von einem kranken Herzen stets bedroht fühlen muß. Mathematiker.

Ich wußte gar nicht mehr, daß er, etwa fünfzehnjährig, 33 Jahre vorher, mein Schüler gewesen war, während ich, als fliegender Referendar, an seiner Schule ein paar Wochen vertretend zu unterrichten hatte. Das habe auch Wirkungen gehabt, erzählte er mir nun: er hatte vor mir einen, wie er fand, „furchtbar langweiligen" Mathematiklehrer gehabt. Als der nun wieder da war, kam es bald zu einer gereizten Auseinandersetzung zwischen beiden. Am Ende rief der kleine Kraus: „jetzt *weiß* ich: Mathematik, das geht auch anders!"

Nun, im Laufe dieser Lehrplan-Kämpfe waren wir im Begriff Freunde zu werden. „Auch ich werde, wie Sie, nicht irre daran, daß wir diesen Weg mit unseren Plänen gehen müssen: *Mit* dem Kind, *an* der Sache, *für* das Kind." So schrieb er mir einen Monat vor seinem jähen Herztod, 48 Jahre alt, 1956.

II

Man sollte, wenn man nach 20 Jahren einen alten Schüler trifft, nicht nachfragen, „wie man denn war?" Das Wirksame eines Lehrers bleibt ihm am besten erhalten, wenn er davon nichts weiß. Macht man doch einmal ein in dieser Richtung fragendes Gesicht, so kann man allerdings Überraschendes zu hören bekommen:

So, als ich Herrn S. wiedertraf (unvergessen durch seine Fähigkeit, ohne zu mucksen elektrische Schläge zu ertragen, die Andere aufschreien ließen), reagierte er: „Ja, etwas ist uns allen in Erinnerung geblieben". (Ich spitzte schon die Ohren und hoffte auf ein glanzvolles Experiment oder gar ein blitzartiges Verstehen.) „Das war, als Sie die Geschichte mit dem Kugelblitz erzählten". – Kugel-Blitz? – „Wie Sie den alten Diener vormachten, wie der die Flügeltüren weit öffnet, von dem Gartenzimmer, wo die feinen Herrschaften speisen – und draußen ist Gewitter – und wie er dann mit einer Verbeugung meldet: Der Kugelblitz!" – und *wie* der dann so hereinschwebt.

Ein andermal (beides geschah übrigens in Darmstadt um 1940) sagte mir einer nach 20 Jahren: „Wissen Sie, wodurch Sie uns am meisten imponiert haben?" – „Hm?" – „Wir fragten Sie was, was Astronomisches. Da sagten Sie: Das weiß ich nicht. Da müssen Sie mal den Kollegen V. fragen, der weiß da viel mehr." – „Und?" – „Ja sowas haben wir sonst in der ganzen Schulzeit nicht erlebt." – Ich staunte, und staune noch heute.

III

Die seltsamste dieser Wieder-Begegnungen war die letzte, die der längsten Spannweite:

Gerade fünfundachtzig geworden geh' ich die breite Wilhelminenstraße hinunter, da stellt mich ein alter Herr – noch nie gesehen – mit festem Blick, umarmt mich mit Klammergriff, Brust an Brust und Aug in Auge – raunt: „Wa – gen – schein – *Sie* – haben – mich für die – *Physik begeistert!* Und dann bin ich Oberstudienrat für Physik geworden ... vor zehn Jahren pensioniert ... jetzt bin ich fünfundsiebzig ..." Und erzählte noch manches aus seinem Leben, fünf Minuten nicht nachlassend im eisernen Griff.

Ich rechne still: das muß vor 1924 gewesen sein. So hab ich also doch schon *vor* der Odenwaldschul-Zeit etwas fertig gebracht ...

Langsamer Segeln ...

Als ich 1979 den Text aufschrieb, den ich dann im Herbst jenes Jahres am Kieler „IPN" („Institut für Pädagogik der Naturwissenschaften") vortrug [12], geriet ich an einer Stelle auf ein Nebenthema, das mir nachträglich als das Wichtigste vom Ganzen vorkam. Es hatte sich wohl aus dem Unbewußten eingemischt und die Umkreisung des Gegenstandes tangential verlassen, um sich mir bemerkbar zu machen. So entstand dies (hier etwas vereinfacht):

Was würde passieren, wenn aus den überfüllten „Stoffplänen" der frühen Physik-Jahre (aller Schularten) genau das verschwände, was darin steht allein als Voraussetzung, als Werkzeug *nur* für die Wenigen, die später in die Oberstufe des Gymnasiums gelangen? Werkzeug ohne unmittelbaren Sinn für die allermeisten späteren Bürger, da sie mit Physik nichts mehr zu tun haben werden. Statt dessen könnten sie in der Schule gelernt haben (was ganz anders aussehen würde, und was wir noch gar nicht haben): die physikalische, die naturwissenschaftliche Grundbildung, auf die *Jeder* Anspruch hat, und dazu gehört die Aufklärung *aller* Bürger darüber, daß Physik aus einer *reduzierenden* Naturauffassung entsteht.

Und was, zweitens, würde passieren, wenn dabei die Hochschullehrer der Physik (der Chemie, der Biologie) es übers Herz brächten, ihr Patronat über die Kinderschule erst mit dem Beginn der Oberstufe einsetzen zu lassen?

Zufällig fand ich bald danach, wieder einmal in Lichtenbergs Aphorismen blätternd, eine diese Situation erleuchtende Notiz des hellsichtigen Aufklärers:

„Wenn unsere Gelehrten so fortarbeiten, so werden sie sich immer mehr von der gemeinen Menschen-Klasse entfernen, und der Eifer, jene nach sich zu ziehen, wird immer größer, aber auch die Verachtung größer werden, womit man jene Menschen ansieht".

Dann erinnert Lichtenberg an die Kirche: *„Sie segelt langsamer, um die schlechten Segler bei sich zu behalten, wir mit vollen Segeln, und hoffen, was kaum zu erwarten ist, daß uns die Kleinen nachkommen können".*

Und *wie* sie „fortarbeiten" inzwischen! Und die „Kleinen" *nicht* „bei sich behalten". Sie im Gegenteil, nach flüchtig-straffen Lern-Ziel-Läufen, abgeschreckt am Rande stehen lassen. Verraten wir nicht die langsamen – nicht selten nur bedächtigen – Segler zugunsten der bloß cleveren Schnelldampfer?

Wenn wir uns verführen lassen, voreilig Halbverstandenes (also Hinfälliges) anzuhäufen, so nehmen wir dem, was als Lehren und Lernen geschieht, seine wissenschaftliche wie pädagogische Würde. Früh mißratene Abstraktionen lassen durch Gewohnheit „aus Spinneweben Drähte werden". „Jene Menschenklasse" braucht gerade heute im strengen Sinne „Verstehen". Sie weiß bis heute nicht recht (was sie sehr wohl begreifen würde, wenn die Schule es früh und in Ruhe bewußt machte), warum es unsinnig ist, zu glauben (etwa): Musik sei „eigentlich" nichts als Lufterschütterung, und Elektronen „nichts als so etwas wie kleine Erbsen". Und sie könnten durchaus überzeugt werden, daß es Dinge gibt, die Physik weder klären noch „in den Griff" bekommen kann. Kurz: *Gerade der Physiklehrer darf von früh an nicht verschweigen, daß „Physik etwas verschweigt".*

Da uns fachwissenschaftlich ausgebildeten Lehrern das merkwürdigerweise so schwerfällt, sollten wir nur eines verfrühen: den Anschluß an das Denken der Kinder (das weit hinaufreicht, in zarten Kräuselungen, bis in der Studenten und unser, der Erwachsenen, Geister, und das die Schule nicht zu „überwinden" sondern zu überbauen hat). Ich nenne eine Didaktik herzlos, die das eigene Denken der Kinder nicht achtet, statt sich von ihm auf den Weg bringen zu lassen. Aber:

„Die Deutschen, und sie nicht allein, besitzen die Gabe, die Wissenschaften unzugänglich zu machen." (Goethe)

Wenn schon von „naturwissenschaftlicher Bildung" die Rede sein darf:
„Wehe jeder Art von Bildung, welche die wirksamsten Mittel wahrer Bildung zerstört und uns auf das Ende hinweist, anstatt uns auf dem Wege selbst zu beglücken." (Goethe)

„Langsamer Segeln" – nicht mit Uhren zu messen – schließt vieles ein. Nicht nur:
Lichtenbergs: *„daß uns die Kleinen nachkommen"*, auch
Sprangers *„Verwandelt bewahren"*, und
Montessoris Forderung des Kindes an den Lehrer:
„Hilf mir, es von mir aus zu tun", und
Pestalozzis Wort an die Leistungs-Messer:
„Vergleiche nie ein Kind mit einem anderen, vergleiche es immer nur mit ihm selbst".

Anmerkungen

Dem Beltz-Verlag danke ich für sein Engagement. Im besonderen Herrn Lothar Schweim M.A., der sich auch der Auswahl und Einordnung der Bilder angenommen hat.

(Ziffern in Klammern [] beziehen sich auf die Veröffentlichungen S. 168

Zu S. 9, Vorwort: Aus einem Interview mit Peter Buck und Walter Köhnlein, in: chimica didactica, 7, 161 (1981)
„Köhnlein: Sie haben sich entschlossen, eine pädagogische Biographie zu schreiben.
Wagenschein: Man hat mich gefragt.
Köhnlein: Für uns ist es interessant, welche Gesichtspunkte Sie vor allem in dieser pädagogischen Biographie zur Geltung bringen.
Wagenschein: Nur Pädagogisches, das heißt: ich schreibe nur darüber, welche sogenannten Kausalitäten – wenn Sie wollen: Fügungen – mich geführt haben. Und da kann ich nur sagen, nach diesen beiden großen Anfangsimpulsen, der Odenwaldschule und des Tübinger Gesprächs von 1951, und der Hilfe meiner Frau natürlich –, nach diesen großen Impulsen kamen keine wesentlich neuen, außer anhaltenden Ermutigungen. Und ich habe vor, diesen Ermutigungen meinen Dank zu sagen. Sie kamen vorwiegend von den Pädagogen, selten von den Gymnasiallehrern, stärker wieder von Volksschullehrern (wie sie damals hießen), aber auch von einigen Hochschullehrern der Physik, mehr noch der Mathematik, von vielen, vielen erwachsenen Nicht-Naturwissenschaftlern und schließlich – und das war eigentlich maßgebend – von den Kindern, den Schülern, den Jugendlichen, den Studenten (und hier: verschiedener Fachbereiche)."

Zu S. 12, Biblische Geschichten: Auszug aus: „Zwei Blicke in die Kindheit", Neue Sammlung, 1969/5, S. 482–486, gekürzt.

Zu S. 21, Dissertation: „Über das Mitschwingen einer Kugel in einer schwingenden Flüssigkeits- oder Gasmasse." Annalen der Physik 1921.

Zu S. 25, Meisterbuch: Deutsche Bibliothek Berlin, o.J. Neu herausgegeben als Inselbuch 310, 1978.

Zu S. 26, „Gustgen": Goethes Briefe an Auguste zu Stolberg, Insel Bücherei Nr. 10, o.J.

Zu S. 27, Kepler: Nikolaus Kopernikus, Erster Entwurf seines Weltsystems, sowie eine Auseinandersetzung Johannes Keplers mit Aristoteles über die Bewegung der Erde, herausgegeben von Fritz Rossmann, 1948, Verlag von Hermann Rinn, München, S. 83. – Dieses Buch, für einige Jahre von der „Wissenschaftlichen Buchgesellschaft" aufgenommen, ist mir eine Fundgrube.

Zu S. 27/28, Leonardo: Leonardo da Vinci, Philosophische Tagebücher, Italienisch und Deutsch, Rowohlts Klassiker, Bd. 25, S. 69. – Italienisch: „La luna non ha lume da sè, se non quanto ne vede il sole, tanto l'allumina; della qual luminosità, tanto ne vediamo quanto è quella che vede noi. – E la sua notte riceve tanto di splendore, quanto è quello che li prestano le nostre acque nel refretterli il simulacro del sole, che in tutte quelle che vedano il sole e luna si specchia."

Zu S. 27, Kommentar zu Leonardo: In „Verdunkelndes Wissen", [5], Bd. II., S. 67 (hier leicht verändert).

Zu S. 28, Jean Paul: Junius Nachtgedanken, aus: Piper-Bote, Sommer 1924, S. 46.

Zu S. 29, Lichtenberg an Nicolai

Zu S. 35–37, Arbeiten über Paul Geheeb: M. WAGENSCHEIN: Der Weg der Odenwald-schule. [5] Bd. I, S. 165. Paul Geheeb in der Ecole d'Humanité [5] Bd. I, S. 157. Paul Geheeb und das Vertrauen. [5] Bd. I, S. 429. Erinnerung an Paul Geheeb. [5] Bd. II, S. 174. (Aus diesen Arbeiten ist hier einiges übernommen) Walter SCHÄFER: Paul Geheeb. Mensch und Erzieher. Aus den Deutschen Landerzie-hungsheimen Heft 4. Stuttgart: Klett, o. J.
Paul GEHEEB: Briefe, Hrsg. v. Walter Schäfer, 1970, Klett, Stuttgart

Zu S. 38, Unterricht ernst genommen: Ein Verdienst des frühen Mitarbeiters von Geheeb: Otto Erdmann – Die Nähe zu Leonard NELSONS Sokratischem Prinzip ist wohl erkennbar (vgl. S. 62/63).

Zu S. 38–40, Wera Biermer: Wera Wagenschein, Ein Kind erzählt", Gettenbach, 1936. Wagenschein-Banholzer-Thiel: „Kinder auf dem Wege zur Physik [7]. Susi Merten: „Konrads Weg zu den Zahlen", in: Neue Sammlung 1970/3, S. 21; und: „Das Forschen eines Kindes", in: Neue Sammlung 1970/4, S. 427.

Zu S. 47: Ernst Elias NIEBERGALL, Datterich (1841): Beispiel: „Die letzte Stunde oder die Wiedergeburt des Geistes aus dem Gelächter" (1941), siehe [5], Bd. I., S. 44.

Zu S. 48, Dialekt: Nuffzus = hinaufzu; Laacher = Lager

Zu S. 58, Goethe: „Im Wasser Flamme". Näheres in meinem gleichnamigen Aufsatz, in [2], S. 82 bis 90.

Zu S. 62/63, Minna Specht: Ein Heft „Erinnerung an Minna Specht" (1879–1961) erschien bei der „Philosophisch-Politischen Akademie" in Frankfurt (Am Schwalben-schwanz 65) im Jahre 1980. Sie enthält zwei bemerkenswerte photographische Porträts.

Der schnelle Achilles kann die langsame Schildkröte „nie" einholen. Hat er nämlich den Punkt erreicht, an dem sie eben war, so hat sie schon wieder einen kleinen Vorsprung usw. (Nach Zenon, geb. 490 v. Chr.).

Zu S. 63, Nelson-Zitat: L. NELSON: Die Sokratische Methode, in: Vom Selbstver-trauen der Vernunft. Verlag Felix Meiner. Hamburg 1975, S. 191–238.

Zu S. 67, Mein Tübinger Referat: in [5] S. 192. Zwei Berichte über das ganze Gespräch in [5], S. 204 und 206.

Zu S. 68, Goethe: Goethes Gespräch mit Eckermann am 1. Mai 1825. Abgedruckt in [2], S. 11f.

Lehrziele der Odenwaldschule: Längerer Auszug (S. 629–633) in der Dissertation von Walter KÖHNLEIN (siehe Anmerkung zu S. 102).

Zu S. 72: „Das große Spüreisen" ist aufgenommen in [5] S. 175 und [8] S. 15.

Zu S. 73, Spranger: Der Brief ist abgedruckt in Band IV von: „Eduard Spranger, Briefe, 1901–1963" (Band VII seiner Gesammelten Schriften).

Zu S. 77: A. I. Wittenberg, Bildung und Mathematik, 1963, Klett. – (Von mir vorgestellt in: Neue Sammlung 2/1965, S. 147–162, unter dem Titel: Mathematikunterricht und demokratische Erziehung.) Abgedruckt auch in [5], Bd. II, S. 9 (Eine Neuauflage seines Buches hätte jetzt (1982) Aussichten. Aber auch Röhrl lebt nicht mehr.)

Helge LENNÉ, Analyse der Mathematik-Dialektik in Deutschland, Stuttgart 1969

Zu S. 79, 2. Absatz: Siehe meinen Vortrag „Erwägungen über das Exemplarische Prinzip im Biologieunterricht" in [5], S. 471–486.

Zu S. 80: Über die Aufmerksamkeit [5], Bd. I, S. 351; Bd. II, S. 151.

Simone Weil: Betrachtungen über den rechten Gebrauch des Schulunterrichts und des Studiums. In: „Das Unglück und die Gottesliebe, München 1953; S. 101–109.

Zu S. 82, Auseinandersetzung: Man findet eine Literaturübersicht zu allen diesen Auseinandersetzungen in [5], Bd. II, S. 149, zusammen mit einer Entgegnung.

Zu S. 84, „10 hoch 14 mal": Siehe [5], Bd. I, S. 225 oder [8], S. 179.

Zu S. 89, 2. Absatz: Horst Rumpf in seiner „Nachbemerkung" in [8], S. 359. – Ebenfalls RUMPF, Spuren der Körperlosigkeit, Neue Sammlung, 1980/5, S. 461.

Zu S. 89, vorletzter Absatz: W. Metzger, Schöpferische Freiheit, Frankfurt a. M., 1962, S. 24.

Zu S. 90: Max Wertheimer, Produktives Denken, Frankfurt a. M., 1957.

„Drei W":

Aus:

Wolfgang METZGER: Begegnung mit der Wahrheit, in: Zeitwende – Die Neue Furche, Heft 6/1965, Hansisches Druck- und Verlagshaus, Hamburg, S. 397–403.

S. 399: „Äußerer Anlaß seiner Erwägungen: es ist sinnlos der überhandnehmenden Fülle der Erkenntnisse dadurch Herr werden zu wollen, daß man immer mehr in das Schulprogramm hineinstopft, oder dadurch, daß man – wie es eine mächtige und einflußreiche Gruppe von „fortschrittlichen" mathematischen und pysikalischen Didaktikern vorschlägt – beim siebten Stockwerk in die Luft zu bauen anfängt, um bis Schulschluß noch beim Dach anzulangen. Die Lösung des Problems besteht nach Wagenschein vielmehr in einer entschlossenen Umkehr: *Von* einer Schule, die ihre Schüler „Ergebnisse der Wissenschaft", auch methodische, begriffliche, terminologische Ergebnisse, LERNEN läßt, also auch Nachrichtenübermittlung und sogar Suggestion betreibt, – *zu* einer Schule, die den Schüler zweifeln, fragen und suchen lehrt, die, von der natürlichen Wißbegier jedes gesunden Kindes ausgehend, an herausgegriffenen, besonders fruchtbaren und vielseitig „aufschluß"reichen Beispielen durch Selberfinden Einsicht in die Art und Weise vermittelt, wie wissenschaftliche Erkenntnisse gewonnen, gesichert, verschärft wurden und werden; die zugleich (in der Naturwissenschaft) Einsicht gewährt in den Unterschied zwischen Entdeckung und Erfindung, zwischen Geschaffenem und Gemachtem, in das Wunder der Berechenbarkeit natürlicher Zusammenhänge; die einen Begriff davon vermittelt, was es heißt, „etwas zu verstehen", und ein Wissen um die Begrenztheit, um den Aspekt-Charakter Physikalischer Naturerfassung.

Der so vorgebildete Schüler hat zwar nicht „vorausgelernt", was er später vielleicht an Kentnissen braucht. Aber er *ist* vorbereitet, alles was er später an besonderen Kenntnissen benötigt, müheloser und in viel wissenderer Weise sich anzueignen; und vor allem er wird, was er auch anfängt, nicht mehr bereit sein, sich mit unverstandenen Rezepten zu begnügen, sondern wird versuchen, so weit möglich, einzudringen. Er wird, im besten Sinn des Wortes, gebildet sein."

Zu S. 92, Was wir machten ...": Empfehlungen und Gutachten des Deutschen Ausschusses für das Erziehungs- und Bildungswesen, 1953–1965, Gesamtausgabe, Klett, 1966, S. 569–578.

Zu S. 93, Newton: Isaac NEWTON: PHILOSOPHIAE NATURALIS PRINCIPIA MATHEMATICA, 1686 – Deutsche Ausgabe: Mathematische Prinzipien der Naturlehre, Wiss. Buchges. Darmstadt 1963, S. 515.

Zu S. 94, Arbeiten über den Mond: „Der Mond und seine Bewegung" (1953), in: [2], S. 59–81. „Die beiden Monde" in: Scheidewege 1979/4, S. 463–475, wiederabgedruckt in diesem Band.

Zu S. 96, Zum Zitat: W. Schray, Bemerkungen zu den Lehrbüchern für den Mathematikunterricht, in: Der mathematische und naturwissenschaftliche Unterricht, 31. Jahrg., 1978, S. 498–500.

Zu S. 97, Mathematik: Alexander Israel WITTENBERG, Bildung und Mathematik; Klett, Stuttgart, 1963, S. 44.
Eigene Arbeiten zum Thema: Die Tragik des Mathematikunterrichts (1960), in [5], Bd. I, S. 417. Moderne Mathematik und Pädagogik (1962), in [5], Bd. I, S. 499. Mathematikunterricht geht alle an (1964) in [5], Bd. I, S. 520. Der Vorrang des Verstehens (1973) in MNU, 1973/7.

Zu S. 98/99, Reise nach Costa Rica: Über diesen Besuch in Costa Rica habe ich zweimal berichtet: „Dialogische Allgemeinbildung in Mittelamerika", in: Neue Sammlung 1975/2, S. 179–185, und „Lehren mit Respekt" in: Scheidewege, 1977/2, S. 153–163. – Beide Aufsätze verbunden findet man in: [8], S. 53–56.

Zu S. 101, 3. Absatz: C. F. von Weizsäcker. „Deutlichkeit", Hanser München, 2. Aufl. 1979; S. 163.

Numerus-Clausus-Kriterien: Hierzu: mein Beitrag „Anmerkungen zum Normenbuch Physik" in A. Flitner/D. Lenzen: Abitur-Normen gefährden die Schule, – Piper, München, 1977.

Zu S. 102, letzter Absatz: Walter KÖHNLEIN: Die Pädagogik Martin Wagenscheins, Inaugural-Dissertation der philosophischen Fakultät der Universität Erlangen–Nürnberg, 1973.
Walter KÖHNLEIN: Exemplarischer Physikunterricht, Beispiele und Anmerkungen zu einer Unterrichtskonzeption, Bad Salzdetfurth, 1982.

Zu S. 104, „zu Boden gelernte" Erwachsene: Jacob BURCKHARDT: „Allein wir sollen ja eine zu Boden gelernte Nation sein und bleiben". – Briefe, Sammlung Dieterich, Wiesbaden, Bd. 6, Brief an Friedrich von Preen vom 21. 02. 1878.

„Wie ein Ball. . .": Die Geschichte geht noch weiter: „Der Ruf des Raben" [5], Bd. I, S. 346; auch [7], S. 38.

Zu S. 104/105: S. Thiel: „Kinder sprechen über Naturphänomene in: Die Grundschule 1970/3, S. 1.

Zu S. 105, unten: [5], Bd. I, Nr. 5, 13, 34, 38.

Zu S. 106/107: „Himmelskunde", in: [5], Bd. I, S. 280; auch in [8], S. 268.

„Was bleibt unseren Abiturienten vom Physikunterricht?" in: [5], Bd. 1, S. 385.

„Was bleibt? (Verfolgt am Beispiel der Physik.)" in: Joh. Flügge (Hrsg.): Zur Pathologie des Unterrichts, Verlag Jul. Klinkhardt, Bad Heilbrunn, 1971. – S. 74–91.
Ausschnitte aus diesen 3 Texten in [8].

Zu S. 107, „Verdunkelndes Wissen": Titel meines Rundfunkvortrages vom Juli 1965, siehe [5], Bd. II, S. 58–67, auch [5], S. 41–54.

Zu S. 108: Der Vortrag „Rettet die Phänomene!" erschien zuerst in der Zeitschrift „Scheidewege" 1/1976. Danach in MNU 1977, S. 129–137. – Nachgedruckt in [8], S. 90–104.

Zu S. 110, Zur Unbeliebtheit des Physikunterrichts: Siehe etwa: G. Born/Manfred Euler: Physik in der Schule, in „Bild der Wissenschaft" 2/1978, S. 74.

Zu S. 111: Andreas Flitner: Mißratener Fortschritt, Piper, München 1977.

Hartmut von Hentig, in: Neue Sammlung 4/1974, S. 353.

(Ein Thema des Kongresses der Deutschen Gesellschaft für Erziehungswissenschaft bei seinem Regensburger Kongreß 1982): „Schulpluralismus unter Staatsaufsicht statt Schuldirigismus in Staatshoheit."

Zu S. 112, Raebigers Bericht: stand in der Beilage zu „Der Physikunterricht" (Klett), Heft 4/1976.

„...daß nämlich der Mond..."
Dieser Text ist entnommen meinem Buch „Die pädagogische Dimension der Physik", [4] 1962, S. 175.

Zu S. 113, Heitler-Zitat: Aus: Schweizerische Lehrerzeitung vom 29. 01. 1965.

Zu S. 114, „Nicht zugelassen!": Näheres zu dieser denkwürdigen Ablehnung bei Horst Rumpf in: Die übergangene Sinnlichkeit, Juventa Verlag, 1981, S. 125.
Newton, Opticks (1730), Dover Publications 1952, S. 373.

Zu S. 115, Röhrl, „Schulbücher": In: „Mathematiklehrer" Heft 1/1980, S. 14f., Hirschgrabenverlag, Frankfurt (übrigens die schönste und anregendste Zeitschrift für Mathematiklehrer, die es je gab, gegründet von Roland Stowasser).

Zu S. 116: Das Bild entstand nicht in der Schweiz, sondern am 10. Januar 1983 in der TH Darmstadt bei einem Gespräch mit Lehrern der Glockseeschule (Hannover) und anderer Freier Schulen. Aber das Thema war dasselbe wie 1978, von dem ein Teil auf S. 117 wiedergegeben ist. Das Foto verdanke ich Herrn Dieter Hermann, Glocksee-Schule.

Zu S. 117 Gruppengespräch: Dieses Gesprächs-Fragment ist dem Protokoll von Susanne Mumm (siehe auch Seite 119f.) entnommen.

Zu S. 121, Mach-Zitat: Quellen und Kommentar dazu in ... S. 81ff. (in der Zeitschrift für Pädagogik 4/1966, S. 305ff., 1. Fassung) nach einem Vortrag in Münster von 1965.

Zu S. 124, 2. Absatz: Neue Sammlung, 6/1976, S. 450f.

Zu S. 126, Kugelblitz: Offenbar Bezug auf: Ina Seidel, Unser Freund Peregrin.

Zu S. 128: „Frühe Physik-Jahre (aller Schularten)" = „Sekundarstufe I"
Lichtenberg, Schriften und Briefe, Hanser, München 1968, S. 659.

Zu S. 129, 1. Absatz: „Gewohnheiten sind zuerst Spinnweben, dann Drähte". Spanisches Sprichwort.

C. F. von Weizsäcker: „Das physikalische Weltbild hat nicht unrecht mit dem, was es behauptet, sondern mit dem, was es verschweigt".

Anhang

Rettet die Phänomene!
(Der Vorrang des Unmittelbaren)
(1975)

Es scheint, daß die meisten Erwachsenen nach dem Abschluß ihrer Schulzeit die Strukturen der Physik für die materielle oder magische „Ursache" der Naturphänomene halten. Wenn wir diesen wissenschaftstheoretisch wie pädagogisch bedenklichen Irrtum verhüten wollen, genügt es nicht, einige wenige Abiturienten davor zu bewahren. Wirksam ist nur, in allen Schularten von Anfang an und immer wieder dem Grundsatz zu folgen: Zum Verstehen gehört: Stehen auf den Phänomenen.

Zwei Beispiele, die ich ohnehin brauche, mögen andeuten, in welchem Sinn das Wort „Natur-Phänomen" im folgenden gemeint ist.

Man kann sich leicht davon überzeugen, daß nur ein sehr kleiner Teil der Physik-Studenten – vielleicht fünf von Hundert – jemals einen Planeten am Himmel gesehen oder gar verfolgt hat; ihn selbst, mit freiem Auge, im Freien. Es war niemand da, der auf ihn aufmerksam machte. – Ein bemerkenswerter Befund, wenn man bedenkt, daß im 16., im 17. Jahrhundert die Wiege der Physik von den Planeten umstanden war.

Aber es geht nicht um Geschichte: Auch die „Brownsche Bewegung" haben nur sehr wenige zu Gesicht bekommen: sie selbst, die tanzenden Partikel, nicht nur die aus allen Lehrbüchern bekannte Zick-Zack-Figur. Nicht ganz mit freiem Auge ist diese Bewegung zu sehen, aber doch mit nur leicht „bewaffnetem". Solche einfachen, noch durchschaubaren Laborphänomene möchte ich als „Naturphänomene" noch zulassen.

Ich spreche also von Naturerscheinungen, die uns unmittelbar (oder auf einfache, durchschaubare Weise vermittelt) sich selbst sinnenhaft zeigen; und zwar so, daß wir sie als ein Gegenüber empfinden und auf uns wirken lassen noch ohne Vorurteil und Eingriff, auch wir also unbefangen, noch nicht festgelegt auf einen bestimmten Aspekt, sei es der physikalische, der ästhetische oder sonst einer.

Das bedeutet freilich nicht ein blindes Anstarren, nicht das, was Paracelsus so schön drastisch ausdrückt: „anglotzen wie ein Kalb einen Bischof" oder wie eine Gans das Morgenrot[1]. Wir nehmen das Phänomen wahr als Menschen, das heißt: als Fragende. Physik ist eine Naturwissenschaft. Naturphänomene, wie die genannten, nicht selbst (sie selbst, und in uns selber) wahrgenommen zu haben, also nicht zu kennen, nicht „kennen gelernt" zu haben, das ist für einen Diplomphysiker nicht unbedingt tragisch zu nehmen, falls er sich der Industrie oder der Forschung zuwendet.

Bei einem künftigen Physik-Lehrer aber, der Schule oder der Hochschule, hat eine solche Verarmung Folgen. Folgen für das öffentliche Bewußtsein und Unterbewußtsein der Laien; oder besser gesagt bei der Mehrheit unserer „Mitbürger": Ich bin überzeugt, daß wir mit dem Verlust – oder auch nur dem Schwinden – der freien Naturphänomene im naturwissenschaftlichen Unterricht der Schulen und Hochschulen keineswegs nur etwas wie einen schönen Schein abwerfen, sondern daß wir damit unsere eigenen Fundamente und damit die der Naturwissenschaft gering achten. Damit stellen wir aber unsere Lehrerfolge in Frage. Wir könnten an Vertrauenswürdigkeit und Glaubhaftigkeit verlieren.

Was uns dabei anwandelt, ist nun eine freilich allgemeine und alte didaktische Versuchung. Vor zweihundert Jahren – er war damals 36 Jahre alt – schrieb in einem Brief Pestalozzi: *Die Schule bringt dem Menschen das Urteil in den Kopf, ehe er die Sache sieht und kennt ..."*[2].

Was sich daraus leicht entwickeln kann, ist eine Vorbelastung des Schülers in dem alten Rangstreit zwischen der Sache (der ersten, der phänomenalen Wirklichkeit) und dem, was wir uns dazu *denken*, und *dazu* denken, hier: der physikalischen Denkwelt.

Die Spannung zwischen beiden zeigt sich schon früh, in den ersten Anfängen der Physik, bei Demokrit, der vor vierundzwanzig Jahrhunderten die Atome erdachte. Es ist von ihm ein innerer Dialog überliefert – vielleicht zwischen „zwei Seelen in seiner Brust".

Erst spricht der Verstand zu den Sinnen und sagt: „Die Leute meinen zwar, es gebe euch: das Bunte, das Süße, das Bittere ..., aber in Wirklichkeit" (da steht schon das schillernde Wort) „gibt es nur die Atome und leeren Raum" – Darauf kehren die Sinne den Spieß um und erwidern: „Du armer Verstand. Von uns nahmst Du doch die Beweisstücke, wie kannst Du uns damit besiegen wollen![3]"

So scheint es also schon ganz früh gegen die Physik den Vorwurf gegeben zu haben, sie habe es darauf angelegt, uns die Sinne zu verleiden. Es fällt auf, daß diese Meinung auch heute nicht selten ist. Wenn man irgendeinem eindringlich sagt: „Musik, nicht wahr, ist ja doch in Wirklichkeit nichts anderes als Lufterschütterung, Wärme an sich nur Molekularbewegung. Farbe eigentlich nichts als elektromagnetische Wellenlänge", so kommt es oft vor, daß der so Angesprochene nickt, wenn auch etwas trübsinnig.

Dieser Verzicht kann allerdings auch ins Heroische umschlagen: Max Frisch[4], in seinem Roman „Homo Faber", läßt seinen Helden nach einer Notlandung in der mondbeschienenen mexikanischen Wüste stehen. Während ein Mitreisender diese Landschaft als schön erlebt, sagt sich der „homo faber": *„Ich bin Techniker und gewohnt, die Dinge zu sehen wie sie sind. Ich sehe: den Mond über der Wüste, klarer als je, mag sein, aber eine errechenbare Masse, die um unseren Planeten kreist, eine Sache der Gravitation, interessant, aber wieso ein Erlebnis?!*

Dabei denken die Physiker selber ganz anders: Max Born[5], im Alter: *„Mein einstiger Glaube an die Überlegenheit der naturwissenschaftlichen Denkweise über andere Wege zum Verstehen und Handeln, scheint mir jetzt eine Selbsttäuschung."* – C. F. von Weizsäcker[6]: *„Das physikalische Weltbild hat nicht unrecht mit dem, was es behauptet, sondern mit dem, was es verschweigt."* – Einstein[7], Geigespieler, wird gefragt: „Ja glauben Sie denn, daß sich einfach alles auf naturwissenschaftliche Weise wird abbilden lassen?" Er antwortet: *„Ja, das ist denkbar, aber es hätte doch keinen Sinn. Es wäre eine Abbildung mit inadäquaten Mitteln, so als ob man eine Beethoven-Symphonie als Luftdruckkurve darstellte."*

Horchen wir nun in eine andere Menschengruppe hinein. Neunjährige Buben in der Versuchsschule der Tübinger Universität[8]; ein meist schweigender Lehrer (er redet ihnen nichts ein) hat sie gelehrt, miteinander zu sprechen und nur zur Sache; alles zu sagen, was sie denken, aber auch alles zu denken, was sie sagen. Sie reden mehrere Stunden lang darüber, warum der Schall eines entfernten Preßlufthammers oder einer Trommel dem Anblick ihrer Bewegungen so nachhinkt. Sie untersuchen das Fell der Trommel mit Auge, Finger und Zunge, sie merken und sagen (laut Tonband), „es hoppelt so zittrig, das zittert so kitzlig, und es brennt beinahe" (auf der Zunge). Sie finden schließlich: das Späterkommen, das liegt an der Luft; die „trägt" den Schall zu uns; das braucht Zeit. – Aber wie „trägt" sie? Ergebnis nach langem Gespräch und Experimenten: „Wenn ich an das Trommelfell schlage, dann wackelt es. Die Luft wird weggeschubst. Da wackelt sich die Luft so hin und her, die da ist ... *Die* Luft schubst die andere Luft und *die* wieder weiter ... Da wackelt's durch die Luft bis zu meinem Ohr."

Später werden diese Kinder lernen, das Gewackel an einem Ort zwischen Trommel und Ohr durch einen mechanischen Schallempfänger aufzeichnen zu lassen. Das gibt dann so etwas wie die „Luftdruckkurve".

Was haben sie, was haben wir, nun damit gewonnen? Die Antwort liegt zwar auf der Hand, aber ich habe sie seltsamerweise in keinem Schulbuch gefunden, nämlich: Wir haben genau das gewonnen, was vom Schall bliebe für einen Gehörlosen.

Würde nun der Lehrer vor dieser Kurve sagen: „Seht ihr, der Schall ist also in Wirklichkeit nichts als diese Lufterschütterung", so wäre das absurd. Denn warum sollte ausgerechnet das Ohr für den Schall weniger Wirklichkeitswert haben als die anderen, weniger zuständigen Sinne? Ich behaupte nicht, daß Lehrer jenen „nichts-als"-Satz aussprechen. Aber ich vermisse, daß die Schulbücher ihn ausdrücklich dementieren. Denn er scheint in der Luft zu liegen, zwischen den Zeilen. Es ist, als würde er mitgelernt.

Der Lehrer kann nur, und er muß es hier sagen, was wahr ist: in der Physik hat man sich *entschlossen,* sich allein um das Mechanische, die Luftdruckkurve, zu kümmern. Die „physikalische Akustik" enthält dann also in der Tat das, was vom Schall, von Musik bleibt für einen, der taub ist.

Er muß, der Lehrer, dann freilich auch bewußt machen, woher dieser Entschluß kommt: An der Luftdruckkurve kann man messen; an dem, was wir unmittelbar hören, nicht.

So kann er hier schon vorbereiten auf die grundlegende Einsicht: Physik ist eine sich selbst *beschränkende,* eine auf kluge Weise verzichtende Wissenschaft. –

Übrigens müssen wir noch zweierlei bedenken: Erstens, daß wir mit dem Rückzug auf das Meßbare den Sinnen nicht entgehen: Wir schätzen, wir messen mit Auge und Hand, mit dem ganzen Körper, wir messen Ab„stände", Zeit„spannen" und Muskel„kräfte".

Wir müssen uns zweitens darüber klar sein, daß der Rückzug vom gehörten Schall zur Luftdruckkurve eine Einbahnstraße ist: Wir können dem Gehörlosen aus der Luftdruckkurve auf keine Weise ganz mitteilen, wie sich ein Ton, eine singende Stimme, ein Gong *anhört*. Das ist mit Worten nur zu umschreiben. In der Luftdruckkurve, in einer anderen Weise, ist er nur, wie Einstein sagte: „abzubilden", beschränkt abzubilden.

Wenn der Lehrer bei den Schall-Forschungen seiner Neunjährigen das „Gewackel" der Luft in solcher Weise kritisch bedenken läßt, und wenn er bei dieser Lehrweise bleibt, dann kann er sie früh empfänglich machen für das, was sie später über moderne Physik lernen oder lesen werden:

Physik ist, nach der Meinung der heute führenden Forscher, nur *einer* – wenn auch der mächtigste – der möglichen Natur-Aspekte; nicht voraussetzungslos, sondern von vornherein sich selbst beschränkend auf das mit Maßstab, Waage und Uhr Meßbare, soweit wir so Gemessenes in mathematisierten Strukturen miteinander in Beziehung setzen, einander zuordnen können. Es entsteht so ein besonderes „Natur-Bild", eine „Denkwelt" können wir auch sagen. (Ein vor kurzem erschienenes authentisches Sammelwerk führt den Titel „The Physicist's Conception of Nature"⁹).

Nach Vergleichen, die von Physikern selbst herrühren, bildet sie die uns umgebende sinnenhafte Wirklichkeit der Phänomene so ab wie eine Landkarte die Landschaft, wie die Partitur eine Symphonie, wie der Schatten seinen Gegenstand.

Dabei aber bildet sie so scharf und so richtig ab, wie eben der Schatten eines Blütenbaumes an der Mauer sich abzeichnet. Nur: der Baum selber kann der Schatten nicht sein wollen. Von nur seiner Struktur, seiner Geometrie, ist etwas geblieben, aber es fehlen Farbe und Duft, Räumlichkeit und das Rauschen seiner Blätter.

Physiker sehen es also nicht so, wie die erste (die mechanistische) Stimme Demokrits es darstellt, als sei hinter den Phänomenen Atombewegung, allgemein Teilchenmechanik, das „Eigentliche", was es „wirklich gibt".

Es ist auch gar nicht zu erwarten, daß der Mensch, der ja der Natur angehört, die Frage nach dem „Wesen" der Naturerscheinungen mit rationalen Mitteln definieren, geschweige denn die Antwort finden könne. Es leuchtet ein, daß wir die Antwort nur in der Schwebe wechselnder Aspekte (deren jeder ein beschränkender ist, wie auch die Physik) zu umschreiben vermögen. Ein Geheimnis wird umkreist. Physikunterricht darf *von vornherein* nicht den Eindruck begünstigen, das Zentrum dieses Geheimnisses sei durch Physik jemals erreichbar. Bertrand Russell sagt deutlich, wie wenig Physik Ontologie, Wesenserkenntnis sein kann: *„Was wir über die physikalische Welt wissen, ist viel abstrakter, als man früher annahm . . . über die Gesetze, nach denen diese Vorgänge ablaufen, wissen wir gerade soviel, wie in mathematischen Formeln ausgedrückt werden kann, – aber über ihre Natur wissen wir nichts*[10].

Er gebraucht dann noch den hübschen Vergleich mit dem Finanzmann, der mit Weizen und Baumwolle praktisch handeln kann, ohne je etwas von beiden gesehen zu haben.

(An derselben Stelle ist auch der Vergleich des physikalischen Verstehens mit dem Lesen einer Partitur durch einen „Stocktauben" ausgeführt.)

Leider ist es nicht so (und das läßt sich leicht nachprüfen), daß alle, oder auch nur die meisten, Physikstudenten (spätere Lehrer einbegriffen) über diese wissenschaftstheoretische Seite ihrer Kenntnisse zum Nachdenken veranlaßt werden. Die Wirkung ihres Unterrichts auf die große Mehrheit ist entsprechend. Die oben angedeuteten Gespräche mit Neunjährigen über die Schallverspätung lassen, glaube ich, schon erkennen, *wie früh* und ohne viel „Philosophie" hier dem modischen Physikalismus vorgebeugt werden könnte[11].

Die erste Stufe zu dieser Einsicht kann in der Schule, wie ich zu zeigen versuchte, bei der Akustik gelegt werden. Die nächste, wesentlich steilere, bei der Wärmelehre. Denn die physikalische Abbildung auf Bewegung gibt es, wie beim Schall, nun auch hier. Das Phänomen Wärme erlebt jeder, der in der Sonne sitzt. Die physikalische Betrachtungsweise hat zur Wärme nun etwas sehr Merkwürdiges und Sehenswertes herausgefunden: Daß nämlich jedes Ding, sei es Stein oder Wasser oder Luft, eine unaufhörliche, unsichtbare, sehr feine, zitternde Bewegung in sich hat, die mit der Temperatur steigt und fällt.

Seit ich zum ersten Mal diese „Brownsche Bewegung" kleiner Rutil-Kristalle im Dunkelfeld der Mikroprojektion gesehen habe, mit Kindern, nahe vor dem Schirm, plädiere ich dafür, *allen* Schulkindern diesen Anblick eines torkelnden Sternhimmels in Ruhe zu eröffnen.

Man muß das gesehen haben! Es ist schwer begreiflich, daß nicht alle Schulen allen Kindern dieses fundamentale Phänomen zeigen, statt ihnen voreilig von Atomen und Elektronen zu erzählen. Man setze sie vor den Schirm und sage möglichst nichts. Sie sehen hier etwas Wirkliches.

Den Idealfall vorausgesetzt, daß sie noch nichts von „Molekülen" „wissen" (oder daß man ihnen diesen Glauben erst einmal sokratisch wieder ausreden kann), eröffnet sich hier ein zwingender Vorstoß zur Diskontinuität und zu der modernen Einsicht, daß die in großen Dimensionen gewonnenen Begriffe im kleinen nicht ausreichen: Wir haben ein Motivations-, ein Initiations-Phänomen ersten Ranges vor uns. Die Fragen drängen sich: Warum bewegen sich die Stäubchen? Sind sie lebendig? Nein: auch gewöhnliche Rußbröckchen, Kristallsplitter, Fetttröpfchen tun das, wenn sie nur winzig genug sind. – Sie „bewegen *sich*" also gar nicht, nicht „freiwillig", tun selber nichts, tun nur mit! Wo aber ist der Treiber? – Das kann nur das Wasser sein. Aber das Wasser ist doch ganz still?

Offenbar doch nicht. Die Hypothese ist kaum zu umgehen: Wir müssen uns im tiefsten Innern des Wassers eine ständige stoßende Unruhe vorstellen (Lenard nannte sie „Kleinwimmel"), einen ganz geheimen Aufruhr, ein Mikro-Fieber, ein unaufhörliches, das immer da ist, das einfach dazugehört zur Materie und zur Wärme: es steigt und fällt mit der Temperatur.

Wenn wir den Schülern die Zeit und damit das Selber-Denken erlauben (worauf sie ja Anspruch haben), so werden sie diese Hypothese des Dauerwimmels für unbrauchbar erklären. Ja aber, werden sie sagen: das wäre doch ein „perpetuum mobile", und noch dazu ein richtiges, ein reibendes! Dieser Wimmel könnte nicht fortdauern, er müßte sich bald in Reibung ersticken (und dabei das Wasser ein wenig erwärmt haben)! Dieser Einwand ist zwingend, und er zwingt uns weiter zu einer befremdenden Vorstellung. Das Wasser, so wie wir es als Kinder kennen lernten, wenn wir anfingen, mit ihm zu spielen, das Wasser das uns durch die Finger rann, das Wasser das immer von selbt ganz still wurde, mochten wir es noch so wild umgerührt haben: Dieses vertraute Wasser muß in seinem tiefsten Innern und in dessen winzigsten Räumen ganz anders vorgestellt werden, als es im großen ist: es darf dort keine „innere Reibung" geben, und das heißt: keine Berührungsflächen in sich selber (Wasser an Wasser), es kann also nicht lückenlos, es kann – gelehrt gesprochen – kein Continuum sein! Es ist ein ständig bewegtes Discontinuum.

Dies scheint mir kein schlechter Zugang zum Atomismus. In Verbindung mit anderen (chemischen) Schlüssen führt er später weiter.

Dieser Vorstoß zum Atomismus steht hier als Exkurs. Für das, worauf ich im Augenblick hinaus wollte, bedarf es der Moleküle noch gar nicht. Es genügt die Entdeckung: es gibt eine geheime wirre innere Bewegung, deren Heftigkeit an den Wärmegrad gebunden ist.

Sollen wir hier nun wieder der Nichts-als-Philosophie verfallen und sagen: Wärme ist in „Wirklichkeit" nichts als innere Bewegung?[12] – Wir dürfen nur sagen: Zunehmende Wärmeempfindung ist immer begleitet von sichtbar zunehmender innerer Unruhe des warmen Körpers und umgekehrt. Oder: Die innere Bewegung ist das, was von der Wärme für einen Menschen bliebe, der Wärme nicht fühlen könnte. Oder noch deutlicher: Physik entschließt sich auch hier zum Verzicht. Sie beschränkt sich auf die „Abbildung" der Wärme auf das Meßbare: Bewegung.

Hier bei der Brownschen Bewegung nähern wir uns einer Grenze. Diese torkelnden Lichtpunkte sind der letzte optische Reflex, den wir aus der innersten Kleinwelt gewöhnlicher Materie noch herauslocken können.

Für die Vorgänge, die noch tiefer dringen, in den winzigsten Räumen ablaufen, da ist es nun nach den überraschenden Einsichten der letzten 50 Jahre mit der Anschaulichkeit grundsätzlich schlecht bestellt.

Wenn man den folgenden Satz Heisenbergs[13] bedenkt: *„Das Atom ist seinem Wesen nach nicht ein materielles Gebilde in Raum und Zeit, sondern gewissermaßen nur ein Symbol, bei dessen Einführung die Naturgesetze eine besonders einfache Form annehmen"*, dann wird man beim Blättern in den Lehrbüchern schon der Sekundarstufe I ein recht unbehagliches Gefühl nicht los und muß dem zustimmen, was ein anderer ausgezeichneter Quantenphysiker, Walter Heitler[14], Zürich (der pädagogische Fragen sehr ernst nahm) dazu sagte: *„Es ist ein Vergehen an jungen Menschen, ihnen etwas beibringen zu wollen, was sie unmöglich verstehen können, oder, um es verständlich zu machen, es falsch darzustellen."* – *„Ich glaube nicht, daß es gut ist, in der Mittelschule viel von Atomphysik und Elektronen zu reden. Jede anschaulich räumliche Vorstellung dieser Gebilde ist ganz einfach falsch."* Es scheint, daß die Schule, gerade aus dem Bestreben, modern zu sein, es hier eben nicht ist, indem sie Kindern ganz unnötig früh von Atomen und Elektronen so anschaulich erzählt, als seien es Erbsen, und auch nicht sagt, wie man dazu gekommen ist. Hier steht sie nicht mehr auf der Basis der Phänomene.

Diese verfahrene Lage in Ordnung zu bringen, ist wohl das wichtigste und schwierigste Problem für eine zukünftige Pädagogik der Physik.

Sobald Physik als ein besonderer Aspekt erkannt ist und auch gelehrt werden soll, kann man den Folgerungen nicht ausweichen:

1. Als ein beschränkender Aspekt kann sie *nur genetisch* wirklich verstanden werden, denn man muß zuerst die unbeschränkte Wirklichkeit unmittelbar vor sich haben, um überhaupt zu bemerken, daß beschränkt wird. Mit anderen Worten: „Wissenschaftsorientiert" kann nicht werden, wer nicht in den Anfängen der Wissenschaft heimisch geworden ist und dann ihr Fortschreiten kritisch verfolgt hat.

2. Der unmittelbare Umgang mit den Phänomenen ist der Zugang zur Physik.

3. Phänomene können nicht mit schon isoliertem Intellekt, müssen mit dem ganzen Organismus („am ganzen Leibe") erfahren werden. Auch wir müssen anfangs unbeschränkt sein.

4. Apparaturen, Fachsprache, Mathematisierung, Modellvorstellungen sollten nicht eher auftreten, als bis sie von einem beunruhigenden, problematischen Phänomen gefordert werden.

5. Auch auf höheren und späteren Stufen der Abstraktion muß der Durchblick bis zu den Phänomenen und auch der Rückweg zur Umgangssprache immer offengehalten werden.

6. Das Feld des Schulunterrichts ist nicht schon die hastig bestiegene Ebene der physikalischen Begriffe. Das Feld der Schule ist der Weg zwischen den Phänomenen und der physikalischen Denkwelt, hin und auch immer wieder zurück.

7. Die Schule sollte (in der Grundschule und in der Sekundarstufe I), anders als bisher, so lehren, daß aus allen Schülern wissenschafts*verständige* Mitbürger werden. Dann können später einige von ihnen fundierte Fachleute werden, und zwar solche, die auch mit Laien sich zu verständigen fähig sind.

8. Das Fachstudium des Physiklehrers muß also einen anderen Charakter haben als das des Diplomphysikers: einen genetischen.

Dies alles gälte schon gegenüber Erwachsenen, die noch nichts von Physik wissen, wieviel mehr bei Kindern.

Kinder, in einer Altersstufe, in der sie noch, und sehr zu Recht, nur Greifbares begreifen und zugleich autoritätsbedürftig sind, glauben dem Lehrer seine Lehrbuch-Bilder und Berichte zur Atomistik kritiklos und gegenständlich. Und allem Anschein nach ist es eine Illusion zu hoffen, eine *spätere* Sublimierung dieser laufenden, rollenden, harten (und womöglich blauen) kreisenden Elektronenkugeln werde noch gelingen. Es kommt hinzu, daß eine nachträgliche Richtigstellung, selbst wenn sie gelänge, nur eine kleine Minderheit noch erreichen würde: *einige* Schüler der Sekundarstufe II.

Das Mißverständnis, etwa Elektronen für Gegenstände, nur kleine, zu halten, scheint durchweg resistent zu sein, und es trägt schwerwiegend dazu bei, daß so viele Laien an eine reale, mechanische Welt als ursächliche Basis glauben und die Phänomene für „nichts als" ihren „nur subjektiven" Sekundäreffekt halten.

Man kann bekanntlich in einer Weise informieren, die ausreicht, um fertige, aber nicht durchschaute Ergebnisse dennoch richtig zu nutzen: Autofahren, Fernsehen, überhaupt Apparaturen richtig zu bedienen, auch mathematische Formeln also, das gehört hierher. Es ist stellenweise unumgänglich. Aber um ein „Verstehen" in diesem Sinne darf es in allgemeinbildenden Schulen jedenfalls nicht in erster Linie gehen. Verstehen heißt hier: *Stehen auf den Phänomenen.* Anders gesagt: Erfahren, wie Physik, *wie Naturwissenschaft überhaupt möglich ist und möglich wird.*

Bei dieser Aufgabe können die außerordentlichen Fortschritte der modernen Physik von der Schule nicht nur als ein Mehr an sogenanntem Stoff bewältigt werden. Denn in unserem Jahrhundert sind sie, mehr als jemals zuvor, auch immer Schritte gewesen fort von den Fundamenten, das heißt: der primären, phänomenalen Wirklichkeit des Kindes und des Laien: fort von der freien Natur zur Apparatur, vom Wort zum Symbol, vom Satz zur Gleichung, von der Anschauung zu abstrakten Strukturen, vom Phänomen zur Modellvorstellung. Pädagogisch gesehen sind das Schritte von nie dagewesener Spannweite der Abstraktion. Ein nur hastig konsumierender Unterricht gefährdet die Kontinuität des Verstehens.

Axiomatik und Deduktion bieten keinen Ausweg. Denn abstrakte Begriffe, die nicht in ihrer *Herkunft* aus den Phänomenen („genetisch") zustande gekommen sind, werden *mißverstanden:* als nicht von uns konstruierte, sondern als vorgefundene, grob materielle oder auch magische Wesenheiten, von denen man dann glaubt, daß sie als letzte Ursachen hinter allem stecken, was es gibt, und die Phänomene verursachen: das ontologische Mißverständis der Physik.

Ich kann dieses Thema hier nicht in seinem ganzen Umfang verfolgen. Ich versuche nun, einige positive Beispiele vorzulegen dafür, daß man, ohne schon von Molekülen, Atomen, Elektronen reden zu müssen, also ganz in der Sphäre der Phänomene bleibend, Einsichten in das Innere der Materie gewinnen kann, von denen man sich nichts träumen ließ. Das erste Thema sei noch einmal die durch die „Brownsche Bewegung" schon vorgestellte „Innere Unruhe", diesmal aber nicht – wie schon vorhin dargestellt – einfach vom Lehrer hingesetzt, sondern als ein Weg (wenn Sie wollen ein „Curriculum"), der von unmittelbaren Alltagserfahrungen ausgeht und in Gang gesetzt (motiviert) wird durch eine Sonderbarkeit:

Ein Stein, eine polierte Metallfläche, ein stehendes Gewässer, das Wasser im Glas, die eingeschlossene Luft des Zimmers, sie alle machen den Eindruck völliger Ruhe. Wenn Nichts und Niemand eingreift, kein Wind, keine Wärme, kein Stoß, dann blickt man auf eine tote, eine passive Szenerie. – Mit einer Ausnahme: Das Wasser, wenn man ihm Zeit läßt, verschwindet es heimlich aus dem Glas, „verdunstet", erobert den Raum, wenn auch langsam. – Ist es nun von der Luft entführt, oder ist es selber schuld, will es flüchten? – Wir können die Luft ja wegnehmen: Stellen wir das Glas mit dem Wasser unter eine dichte Glocke und pumpen aus ihr die Luft heraus. Dann erleben wir einen überraschenden Ausbruch: Das Wasser, das kalte Wasser, beginnt in großen Blasen zu kochen, zu verkochen. Es hat also offenbar nur darauf gewartet, die Luftlast loszuwerden: es will kochen. Wenn wir ihm den Luftdruck wegnehmen, so helfen wir ihm also nur zu dem, was es von sich aus anstrebt. – Die Ruhe des Teiches ist Täuschung.

Da das Wasser nun bekanntlich auch unter der Last des Luftdrucks, trotz ihm, zum Kochen zu bringen ist, nämlich durch Erhitzung, so dürfen wir sagen: es sieht so aus, als werde ein innerer Drang zum Sieden durch Wärme nur unterstützt. Das Wasser hat, fassen wir alles zusammen, allein in sich selber die Tendenz, zu Dampf zu werden.

Aufmerksam geworden suchen wir nach Ähnlichem: Zucker löst sich im Wasser selbsttätig auf. – Verschiedene Flüssigkeiten übereinander geschichtet vermischen sich in tagelanger Heimlichkeit von selber. – Dasselbe finden wir bei Gasen. – Schließlich gibt es auch die unglaubhafte Diffusion fester Stoffe ineinander: Gold, angepreßt an Blei jahrelang, wandert allmählich in feinsten Vorposten von selbst ins Blei hinein. Schließlich, und das ist ja am bekanntesten: Luft, Dampf, alle Gase sind immer auf dem Sprung, jeden Raum zu erobern, den man ihnen öffnet, sei er leer oder von einem anderen Gas besetzt. Sie sind in ständiger Aggression, und wo kein Ausbruch möglich ist, da drücken sie gegen die Wand.

Folgt jetzt, als Höhepunkt, noch die Vorführung der Brownschen Bewegung, dann merkt man vielleicht, wie gut es dahinein paßt, daß heftiges Reiben und Rühren alle Dinge wärmer macht: Der innere Aufruhr bekommt Zufuhr von außen.

Dieser rein phänomenologische Lehrgang könnte zeigen:

1. Recht tiefgehende, wenn auch nur vorbereitende Zusammenhänge sind, ohne alle Mathematik und ohne von Molekülen zu reden, einsichtig zu machen.
2. Schon gewöhnliche Materie zeigt sich hier von einer neuen, einer drohenden Seite. Wir können noch von Glück sagen. Vorsicht ist geboten.

Sie wird noch dringlicher durch einen zweiten, ebenfalls rein auf Phänomene gestützten Einblick. Er ist zwar künstlich, aber einfach gebaut. Es geht hier nicht um gewöhnliche Materie wie bei der Brownschen Bewegung, sondern um eine besonders bedrohliche Sorte, um radioaktive Stoffe.

Man blicke durch eine gewöhnliche Lupe auf die Schicht eines Materials, das die besondere Eigenschaft hat, an den Stellen, wo man es mit einer Nadel ritzt, einen winzigen Lichtblitz von sich zu geben. Wie es das macht, ist eine Sache für sich, die wir hier nicht zu verstehen brauchen, da wir sie nur benutzen.

Zwischen Lupe und Schicht, auf einem dünnen Draht, ist nun eine winzige Menge eines Radiumsalzes angebracht, und zwar auf der vom Auge abgewandten Seite des Drahtes, nach der Schicht hin also offen. Die Lupe ist auf die Schicht eingestellt. Im Stockdunkeln und mit ausgeruhtem Auge, am besten mitten in der Nacht, sieht man dann etwas ebenso Unvergeßliches, wie es die Brownsche Bewegung ist. Nicht torkelnde Sterne, sondern nur aufblitzende und wieder verschwindende, bald hier bald da. Ein flackernder Sternhimmel. – Nun kann man, das ist vorgesehen, während man hineinblickt, das Radiumsalz etwas von der Schicht zurückziehen. Die Sterne werden dann seltener. Schließlich kommen gar keine mehr. Umgekehrt: nähert man das Radiumsalz der Schicht, so nimmt das Flimmern überhand.

„Sind das die Atome?" fragt das überinformierte Kind. Nein, es sind Lichtblitze („Szintillationen"). Aber man hat den Eindruck, daß dieses Radiumsalz von selber feinste Trümmer aussprüht, die die Schicht ritzen. Zwar hat man dann nicht gerade Atome gesehen, aber doch sind wir nahe daran. So nahe, wie die Fußspur eines Vogels ihm selber ist, der sich für einen Augenblick auf dem Schnee niederließ. Dieser kleine und billige Atomguckkasten ist natürlich nur ein Anfang in der Erkundung der Radioaktivität. Das Kind wird weiter fragen: Wird das Radium jetzt weniger? – Ja, nicht schnell, aber nach vielen Jahren ist es zu merken. Man sieht: *jetzt* ist das Messen und Rechnen unumgänglich.

Lassen Sie mich hier etwas einschalten: Ich spreche nicht gegen das Mathematisieren und nicht gegen maßvolle Atomphysik in der Schule. Ich wende mich nicht im mindesten gegen die Pflege der abstrahierenden Intelligenz, aber ich wende mich gegen ihre Isolation. Ich spreche nicht für eine Flucht in die Phänomene, ich spreche für ihren Vorrang und ihre ständige Präsenz. Ich werbe *für* etwas: dafür, daß solche Erfahrungen, wie ich sie hier beschreibe, fundamental sein und bleiben müssen. Sie verlangen nun allerdings Zeit für ruhiges Anschauen, Besinnung und Gespräch. Es ist bemerkenswert, daß man die Voraussetzungen dafür in den Schulen meist vergeblich suchen muß.

Noch ein Beispiel: Lichtwellen.

Wenn man, am besten wieder in der Nacht, eine brennende Kerze aufstellt, vor dunklem Hintergrund, etwa acht Meter entfernt, und sie dann durch einen senkrechten engen Spalt betrachtet, ½ mm breit, am besten zwischen zwei geraden Messerklingen, die man ganz nah vors Auge hält, dann sieht man Merkwürdiges: rechts und links neben der Kerze flackern noch viele andere, schwächere, Gespensterflämmchen, aufgereiht, nach außen immer schwächer sich verlierend, richtige Abbilder. Jene Geisterflammen haben farbige Ränder, rot außen, blau-violett innen, die anderen Farben dazwischen.

Daß die bunten Farben aus weißem Licht hervorgehen können, ist dem Schüler nicht neu: Wassertropfen können das fertigbringen (beim Regenbogen) und das Glasprisma; in beide muß das Licht *ein*dringen. In unserem Fall genügt nun sogar das Vorbeistreifen an den Rändern des Spaltes.

Ganz neu aber ist, daß dabei *viele* Abbilder auftreten, in regelmäßiger Wiederkehr. Mit einem Fremdwort gesagt: die Periodizität dieser Erscheinung. Da von einer Periodizität weder in der Kerze noch im Spalt etwas vorgeformt ist, darf man schließen, daß sie dem Licht selber eigen ist. Und außerdem den Farben in verschiedenem Maße: rotes Licht ist an relativ große Strukturen gebunden, blaues an feinere.

Wenn es stimmt, daß die Periodizität ein für das Licht charakteristisches Struktur-Phänomen ist, dann müßte man erwarten dürfen, daß es sich auch bei anderen Umständen kundgeben müßte, nicht nur beim Passieren eines Spaltes.

So ist es, und zwar kommt es ganz von selbst auf uns zu, so daß ein Curriculum davon ausgehen könnte: Die Ölflecken, die Autos auf nassem Asphalt hinterlassen, zeigen meist undeutlich, oft ganz klar, eine periodisch gebaute bunte Figur: konzentrische farbige Ringe. Auch hier kann es nicht an dem Ölfleck liegen. Er wird nach außen nur gleichmäßig dünner, er hat nicht etwa Ring-Wälle. Sind das nun die „Lichtwellen"? fragt das überinformierte Kind oder der fernbelehrte Mitbürger. Nein, die kann man nicht sehen. Es sind die dem Licht eigenen periodischen Phänomene, aus denen dann, im Zusammenhang mit anderen Lichterfahrungen, die Physiker das Denkbild der Lichtwellen entwickelt haben.

Ich meine, daß jeder die Periodizität des Lichtes und seiner Farben mit diesen einfachen Mitteln in der Schule gesehen und bedacht haben sollte. Angenommen, er weiß nur dies, so frage ich: Weiß er dann nicht mehr als einer, an dem künstlichere Experimente, Begriffe und Mathematik über Lichtwellen vorbeigerauscht sind?

Was ich bis jetzt an Beispielen angeführt habe zugunsten der Präsenz und des Vorrangs der Phänomene, liegt schon nahe an der Dämmerungszone, in der die physikalischen Begriffe ihre Anschaulichkeit aufgeben müssen. Gerade hier sollten nach Möglichkeit die Phänomene noch frei von instrumentellen Komplikationen, in unvergeßlicher Eindringlichkeit und vor aller Messung, ohne Rücksicht auf den Zeitaufwand gegenwärtig gehalten werden. Eine Nebelkammer ist ein relativ einfaches Instrument. Jeder Schüler sollte einmal hineingeblickt haben, ehe man ihm Fotos zeigt oder gar deutet. Vielleicht sollte man ihm dazu folgenden Satz Heisenbergs vorlesen und weiter gar nichts sagen: „Es gab keine wirkliche Bahn des Elektrons in der Nebelkammer. Es gab eine Reihe von Wassertröpfchen. Jedes Tröpfchen bestimmt ungenau die Lage des Elektrons, und die Geschwindigkeit konnte – auch wieder ungenau – aus der Reihe der Tröpfchen ermittelt werden[15]."

Aber auch in der alten Physik des Vordergrundes, wo Pendel, Lichtbrechung und dergleichen auf dem Programm stehen, sind im Schulunterricht schon seit vielen Jahren die Naturphänomene allzu geschwind in den unvermeidlich verfremdenden Belehrungsapparaturen untergegangen, sozusagen beigesetzt. Die üblichen Meßgeräte zum Brechungsgesetz, zum Fallgesetz sind darauf angelegt, in *einem* Akt quantitativ und schnell ans Ziel zu kommen. Ist es aber für das Unbewußte der Kinder noch glaubhaft, daß es *Natur*erscheinungen sein sollen, die da in der Elektrizitätslehre bisweilen in Kästen und hinter elektrischen Drahtverhauen verschanzt, nur noch durch Zeigerbewegungen vor bezifferten Skalen sich kundgeben? Solche Demonstrationen müßten zwar nicht unbedingt verstörend wirken.

Sie tun es aber, wenn sie nicht allmählich *entstehen.* Aber der Lehrer, nach seinem Fachstudium, je wissenschaftlicher und moderner es war desto mehr, unterschätzt den Klimawechsel zwischen Natur und Labor, zwischen dem freiwillig erscheinenden Phänomen und seinem im Gefängnis der Meßinstrumente umstellten Vertreter.

Bisweilen genügt zur Verfremdung schon die Übertragung in einen verkleinerten Maßstab.

Das Pendel: Sicherlich ist es richtig, von den Erinnerungen auszugehen, die alle Kinder vom Schaukeln haben. Aber eine kleine Messingkugel an einem dünnen kurzen Faden: ist das dasselbe? Für den Physiker schon, für das Kind aber eine Entwürdigung ins Unernste, Puppenstubenhafte hinein.

Ich erinnere mich aus der Frühzeit meines Unterrichtens, wie mir das einmal aufging. Also schleppte ich eines Nachmittags einen kopfgroßen Felsbrocken in die Schule und hängte ihn an einem dicken Seil an der fünf Meter hohen Decke auf. Anderntags in der Physikstunde sagte ich gar nichts und ließ nur das schwere Pendel von der Seite her ins Blickfeld schwingen. Wie langsam! Das bloße Zusehen macht ruhig. Von selbst lockt es die Jungen und Mädchen von ihren Plätzen. Sie umstehen dicht und respektvoll den gefährlichen Schwingungsraum. Zu sagen ist nichts. Die Fühlung bedarf keiner Aufforderung, sie bedarf nur der Zeit, die die Schule sich so selten nehmen darf. Alle Köpfe gehen mit, auf und ab, hin und her. Das leise Anlaufen, der sausende Sturm durch die Mitte – ein aufgefangener Fall –, drüben der zögernde Aufstieg bis zum Umkehrpunkt; er kommt nicht ganz so hoch wie er war, der Brocken. – Die vertraute Schaukel ist jetzt objektiviert, ein Gegenüber geworden. Sie schaukelt sich allein, fast unermüdlich, ohne daß einer sie antreibt, ihrer selbst ganz sicher. Das bloße Anschauen lenkt den Sinn aufs Maßvolle. Dieses Pendel trägt das Maß seines Schwingens, seines besonders langsamen Schwingens, in sich. Warum schwingt das lange Pendel so langsam? Es ist zu spüren: die Zahl nähert sich, das Gesetz. – Am großen Pendel sieht man Fragen, die das kleine eilige nie erregt, zum ersten Mal: der rätselhafte höchste Punkt, an dem der Felsbrocken umkehrt. In diesem Augenblick: bewegt er sich da oder nicht? Hält er an, oder? Wie lang währt die Pause der Bewegungslosigkeit? – Ist diese Frage einmal gesehen, so beginnt ein nicht vorauszusehendes Gespräch, in der Umgangssprache versteht sich, noch nicht in der Sprache der Physik. Der Lehrer braucht gar nichts zu sagen. Höchstens am Ende kann er zusammenfassen: Es ist ein' Stillstand ohne Dauer; das was der Physiker einen „Zeitpunkt" nennt. Kürzer als jeder Augenblick, kleiner als jeder Moment, unter aller Zahl. Seine Dauer ist Null. Da steht ein Körper und steht doch nicht still – so etwas gibt es also. Diese einführende Betrachtung, die ich hier andeutete, schließt nicht nur nicht aus, daß wir danach zur Pendelformel kommen: im Gegenteil, das Anschauen erschließt erst die Sache, so daß sie redet, und die Schüler, daß sie „dabei sind". Eile verdirbt alles.

Genug von dem großen Pendel. Ich führte es hier nur als Beispiel an für möglichst große, instrumental einfache Demonstrationen von Phänomenen, nur zum ruhigen Anschauen, vor aller Messung. – Ich nenne noch: meterlange leuchtende Spektren, die Farbenspiele der sogenannten Gasentladungen, das Foucaultsche Pendel, die Gravitationswaage, und schließlich, den Schulbaumeistern empfohlen, eine große ständige Camera obscura, zum Hineingehen. Man sieht dann an der Wand den bewegten Farbfilm der Nachbarstraße oder auch der wehenden Bäume eines Parks, rätselhaft hervorgebracht und auf den Kopf gestellt durch das Einfachste, was man sich denken kann: ein leeres kleines Loch.

Ich war auf das Pendel gekommen von der Erfahrung her, daß schon räumliche Verkleinerungen, und viel mehr noch der übereilte Einbau in Meßapparate, das Phänomen verkümmert erscheinen lassen können. Vorher hatte ich versucht zu zeigen, daß es seinen Rang als primäre Grundlage des Verstehens verliert, wenn symbolhafte Strukturen (etwa das Atom), als richtige körperliche kleine Dinge mißdeutet, für die Ursachen der Phänomene gehalten werden; eine totale Umkehrung des Verhältnisses zwischen dem Phänomen und seinem physikalischen Bild.

Eine ebenso umkehrende Wirkung scheint vorzukommen, wenn die Phänomene auch wieder als nur Folgen eingeschätzt werden, aber jetzt nicht von materiell gedachten Dingen, sondern von magisch verstandenen „Naturkräften". Das geschieht da, wo Begriffe, die das Gefühl „Kraft" enthalten (Zentrifugalkraft, Gravitation, Arbeit, Energie), nicht kritisch genug entwickelt werden, so daß sie noch der Willenskraft verwandt erscheinen.

Neigt nicht der Autofahrer dazu, sich in der Kurve von einer im Raume wesenden „Zentrifugalkraft" ergriffen zu fühlen? Während doch nichts weiter geschieht, als daß sein Körper die Kurve nicht mitmacht. – Wir sagen heute nicht mehr, daß die Naturkraft Gravitation die Planeten in ihre Bahnen zwingt. Wir sagen: sie laufen, wie wir beobachtet haben, und um diesen Lauf mathematisch beschreiben zu können, haben wir die Gravitationskraft definiert, mit stillschweigender Zustimmung der Phänomene: eben der Planetenbahnen am Himmel. Diese Definition ist ständig korrigierbar. (In der Allgemeinen Relativitätstheorie ist der Begriff Kraft ganz entbehrlich geworden.)

Ich fasse zusammen und nenne die Folgen.

Ruhige Gespräche mit Studenten, durch Jahre fortgesetzt, und auch mit Laien, lassen erkennen: Ein verfrühender und übereilter, meist sogar vorwegnehmender Einmarsch in das Reich der quantitativ belehrenden Apparate, der nur nachgeahmten Fachsprache, der nur bedienten Formeln, der handgreiflich mißverständlichen Modellvorstellungen, ein solcher Unterricht zerreißt für viele schon in frühen Schuljahren unwiederbringlich die Verbindung zu den Naturphänomenen und stört ihre Wahrnehmung, statt sie zu steigern. Er reduziert die Sensibilität für Phänomene und für Sprache gleichermaßen.

Viele erinnern sich deshalb ihrer Schulphysik nicht gern, und ihre Kenntnisse zerfallen in kürzester Zeit.

Diese Hinfälligkeit der physikalischen Schulkenntnisse (bei genauem Zusehen genügt schon ein halbes Jahr nach dem Ende der Schulzeit, sie verlöschen zu lassen) ist beunruhigend, da sie von den Lehrern kaum wahrgenommen und deshalb nicht geglaubt wird. Sieht man bei den einzelnen Studenten genau hin, so häufen sich die Fälle, bei denen das vermeintliche Wissen zerfallen ist, weil es sich vom Phänomen abgeschnürt hat, und es oft genug sogar verdunkelt, statt es zu erhellen. Wäre es sonst möglich, daß etwa 9 von 10 Deutschen zwar Monat für Monat den Mond seine Lichtgestalt wandeln sehen und doch lebenslang glauben in der Schule gelernt zu haben (vermutlich an Lampe, Apfel und Nuß demonstriert statt am Phänomen, am Himmel), daran sei der „Erdschatten" schuld, statt *einmal* hinzusehen, wie die Sonne immer gerade *nahe* bei der schmalen, also stark verschatteten, Mondsichel steht und nicht ihr gegenüber (wie es sein müßte, wenn sie den Erdschatten auf den Mond zeichnen sollte).

Es gibt nicht wenige solcher Beispiele. Schlimmer als solche Einzel-Irrtümer ist es, daß Physik von vielen Laien *überhaupt* nicht verstanden wird. Ein Vergleich drängt sich auf:
So wie in den ersten Lebensjahren des Kindes die Mutter nicht ersetzbar ist durch ein noch so hygienisches Kinder-Hospital, so kann im anfänglichen Physikunterricht das Naturphänomen nicht vertreten werden durch noch so exakte quantitative Labor-Effekte und schon gar nicht durch Modellvorstellungen.

Physik erscheint sonst dem Lernenden nicht als das, was sie ist: jenes zwar einschränkende aber erhellende Denkbild, das die ursprüngliche Natur bereichernd überwölbt. Sie zeigt, im Gegenteil, verdunkelnd und verödend eine unheimliche Natura denaturata[16].

Ich hatte meine Betrachtung mit Demokrit begonnen: („nichts als Atome") und dem „Homo faber" („Wieso ein Erlebnis!?").

Lassen sie mich schließen mit dem Bericht von Marie Curie über die Zeit, als sie mit ihrem Mann Pierre Curie das Radium entdeckt hatte. Sie schreibt: „Wir beobachteten mit besonderer Freude, daß unsere an Radium angereicherten Produkte alle von selbst leuchteten. – Es kam wohl vor, daß wir abends nach dem Nachtmahl nochmals hingingen, um einen Blick auf unser Reich zu tun … Unsere kostbarsten Produkte lagen auf Tischen und Brettern verstreut; von allen Seiten sah man ihre schwachleuchtenden Umrissse, und diese Lichter, die im Dunkeln zu schweben schienen, waren uns ein immer neuer Anlaß der Rührung und des Entzückens[17]."

Anmerkungen

1 H. Schipperges: Vom Licht der Natur im Weltbild des Paracelsus. In: Scheidewege, Heft 1, S. 38. – Stuttgart: Klett 1976.
2 J. H. Pestalozzi: Brief an den Hauslehrer Peter Petersen in Basel, Frühjahr 1782. In: Sämtliche Briefe. Bd. 3, S. 147, Berlin: de Gruyter 1949.
3 Wörtlich:*„Der gebräuchlichen Redeweise nach gibt es Farbe, Süßes, Bitteres; in Wirklichkeit aber nur Atome und Leeres. – Die Sinne sprechen da zum Verstand: „Armer Verstand, von uns nahmst du die Beweisstücke und willst uns damit niederwerfen? Zum Fall wird dir der Niederwurf."*
W. Kranz: Vorsokratische Denker. S. 147. – Berlin: Weidmann 1939.
4 M. Frisch: Homo Faber. S. 28. – Frankfurt: Suhrkamp 1969.
5 M. Born: Physik im Wandel meiner Zeit. Einleitung. – Braunschweig: Vieweg 1957.
6 C. F. von Weizsäcker: Zum Weltbild der Physik. 6. Aufl. S. 17. – Stuttgart: Hirzel 1954.

7 M. Born: Erinnerungen an Einstein. – Phys. Bl. 21 (1965) 300.

8 S. Thiel: Grundschulkinder zwischen Umgangserfahrung und Naturwissenschaft. In: Wagenschein – Banholzer – Thiel: Kinder auf dem Wege zur Physik. S. 90–154. – Stuttgart: Klett 1973.

9 J. Mehra (Hrsg.): The Physicist's Conception of Nature. – Dordrecht: Reidel 1973.

10 B. Russell: Das ABC der Relativitätstheorie. S. 178. – Reinbek: Rowohlt 1972.

11 H. Glubrecht: Von Thales zu Einstein. – Phys. Bl. 32 (1976) 193 bzw. 241.

In dieser Abhandlung schreibt H. Glubrecht: *„Seltsamerweise ist diese Spezifität (des naturwissenschaftlichen Denkens) keineswegs allen Naturwissenschaftlern bewußt, noch viel weniger ist sie es den Außenstehenden. Darin liegt meines Erachtens die Wurzel der zwiespältigen Einstellung unserer Zeitgenossen zur Naturwissenschaft, ihrer Überschätzung ebenso wie ihrer Verkennung."* (S. 194). Und (S. 247): *„Die Enttäuschten könnten dann leicht zu Bilderstürmern werden."*

Die Wochenzeitung „DIE ZEIT" berichtete auf S. 16 ihrer Ausgabe vom 7. Mai 1976 über ein ernstzunehmendes „Anti-scientific-movement" in den USA.

Nachtrag, 1978

Im Septemberheft der „Physikalischen Blätter" vom Jahre 1978, S. 421 f. wurde berichtet über mehrere ernsthafte Untersuchungen zum Physikunterricht an Gymnasien, mit dem Ergebnis, „daß mit zunehmendem Alter der Physikunterricht für den Schüler immer unbeliebter und mit Attributen wie *langweilig, trocken, schwierig, abstrakt, abschreckend* usw. versehen wird." Und: „Physik ist ein äußerst unbeliebtes Fach."

12 F. Bacon: In: J. Tyndall: Die Wärme betrachtet als eine Art der Bewegung. S. 69 f. – Braunschweig, Vieweg 1867.

Francis Bacon, Galileis Zeitgenosse, hat (wie auch Demokrit und Lukrez) diese verborgene Bewegung vorausgeahnt und ist ganz unbedenklich der „Nichts-Als-Philosophie" verfallen. Er schrieb 1620: *„Man verstehe wohl, wir sagen ... daß Wärme nichts anders als Bewegung sei ... eine expansive, gehemmte, die kleineren Teile durchdringende Bewegung."* [12]

13 W. Heisenberg: Wandlungen in den Grundlagen der Naturwissenschaften. 7. Aufl. S. 97. – Stuttgart: Hirzel 1947.

14 W. Heitler: Vom Wesen der Quantenchemie. – Phys. Bl. 29 (1973) 252, 256.

15 W. Heisenberg: Bemerkungen über die Entstehung der Unbestimmtheitsrelation. – Phys. Bl. 31 (1975) 195.

16 Um den verödeten Sinn für die Phänomene im öffentlichen Bewußtsein wieder zu wecken, ist das von H. Kükelhaus geschaffene „Versuchsfeld zur Organerfahrung" seit 1975 in mehreren deutschen Städten (in jeder immer etwa 4 Wochen lang) unterwegs gewesen (München, Hagen, Darmstadt, Hannover, Osnabrück, Kiel, Zürich) und setzt seine Reise fort. Das Interesse ist groß.

H. Kükelhaus: Fassen, Fühlen, Bilden. – Köln: Gaia 1975.

Wer Chemie unterrichtet, hat es noch schwerer als der Physiklehrer, lange genug bei den Phänomenen zu bleiben und mit Atomen und Atommodellen hinreichend lange zu warten. Einen bemerkenswerten Beitrag hat vor kurzem Manfred v. Mackensen gegeben: „Wie wirken atomistische Modellvorstellungen auf das Naturverständnis des (jungen) Menschen?"

Nachtrag 1983: Peter Buck/Manfred von Mackensen: In Naturphänomenen leben; Berufsbildendes Gemeinschaftswerk, Brabanter Straße 43, Kassel, 1983.

M. von Mackensen: Ein Entwicklungsprojekt zur Späteinführung der Modelle im Unterricht. In: E. Fucke: Berufliche und allgemeine Bildung in der Sekundarstufe II. – Stuttgart: Klett 1976.

17 M. Curie: P. Curie, Wien 1950. – Phys. Bl. 17 (1961) 168.

Die beiden Monde (1979)

(Zum Frieden zwischen zwei Weltauffassungen)

„Es schien jedenfalls, als hätte die Menschheit begonnen,
dem Universum die Taschen umzudrehen."

Norman Mailer[1]

I

Als amerikanische Astronauten Ende 1968 um die Mondkugel
herumgeschossen wurden, sahen sie die Kraterlandschaft mit freiem
Auge, nicht durch die Linsen des Fernrohrs, nicht dank der Kamera
auf Fotopapier: Sie erblickten sie selbst, unmittelbar und nah. So wie
hohe Vögel sie sähen, wenn es dort welche geben könnte.

Als sie dann glücklich wieder hier unten auf dem alten Erdboden
standen, umringt von Zeitungsleuten, erzählte einer der Heimge-
kehrten: „Der Mond ist eine kalte und leblose Welt von schwarz und
weiß und grau ... Ich möchte wissen, wie alle die Dichter und
Liederkomponisten so romantische Dinge vom Mond sagen
können."[2]

Auch solche, die nicht selber mit dabeigewesen waren, fühlten sich
in der gleichen Weise verwirrt: „Generationen von Dichtern – von Li
Tai Pe bis Eichendorff – die dem Mond wie einem guten Freund
zutranken, ihn priesen ob seines milden Lichtes und seines stillen
Ganges ... sie alle haben sich geirrt."[3]

„Geirrt"? Was sagten sie denn, die Dichter? Haben sie verkündi-
gen wollen, wie es da oben aussieht? Und wie kommen die beiden
Zitierten dazu, sich selber nicht mehr zu trauen? Warum verleugnen
sie, was doch wohl auch sie in ihren früheren Mondnächten wenigstens angerührt hat? Und was ja nichts anderes gewesen ist, als jenes,
was die Dichter meinen. Ist das alles Schwärmerei?

Vielleicht ist es einfach: Sie kannten den Mond freundlich, und in
der Nähe war er nichts weniger als das. Li Tai Pe trank ihm in der Tat
zu wie einem alten Kumpan. Er würde es, meinen sie wohl, gelassen
haben, wenn er die Reise schon einmal hätte mitmachen können. Ist
es aber nicht auffällig, daß er den Mond als nicht immer heiteren
Gefährten empfand?: „Wenn er als schmaler Strich am Himmel
stand, war er ein Dolch, den ich mir in die Seite stieß, weil mich die

Angst um dieses Leben nicht verließ." Und wer hat nie den Mond erlebt, wie er uns kalt und grausam anblicken kann, in überklaren Winternächten mit höhnischem Licht?

Kein Wunder, daß man lieber und häufiger an den „guten" Mond sich erinnert: „Mondeshand geleitet still den Wandrer hin und wider."[4]

Auch Wiege kann er sein, aber nie ist das nur ein Formvergleich: „Singt ein flüsternd Wiegenlied, von dem Monde lernt die Weise, der so still am Himmel zieht."[5]

„Still" geht er dahin, aber wie mächtig wirkt er auf uns: In der Periode seines Lichtwechsels bewegt er das Blut der Frauen, und die an den Küsten wohnen, erdulden das Fluten des Meeres mit seinem, des Mondes, Auf- und Untergang: „Wenn der Mond heraufkommt, wallt Meer über Erde, und es fühlt sich das Herz im unendlichen Eiland."[6] Die Kranken werden unruhig unter dem Vollmond und seine Süchtigen treibt er auf die Dächer. Er segnet die Liebenden: „So oft der Mond will scheinen, gedenk ich dein allein"[7] und erlöst die Gespaltenen: „Füllest wieder Busch und Tal still mit Nebelglanz, lösest endlich auch einmal meine Seele ganz."[8] Immer meint er uns.

Sein Ort ist das Himmelszelt, wie wir es sehen, das Firmament. Dort wohnt er, Begleiter, Gespiele und Hirt der Wolken wie der Sterne. Nichts hindert uns freilich, ihn auch einmal herabgestiegen zu entdecken, wie er im Geäst eines Baumes klettert, selbst so fein und schmal wie die Blättchen, die über ihn hinwehen, zwischen den vielen dunklen ein Blatt von Gold. „Der Mond, gerundet wie ein Horn aus weichem Metall, tönt in der Stille der höchsten Zweige."[9]

Schon lange vor der Mondfahrt konnte man solchen Gedichten widersprechen: Schön und gut, doch nichts als Schwärmerei; romantisch, sentimental, Einbildung, nichts Wirkliches, dieser Mond der Sänger und Musikanten, der Liebenden und der Kranken. Stimmungsssache, Erfindung ...

Aber es bedarf gar keiner Gedichte. Wir kennen das, wovon sie reden alle, unter ganz alltäglichen Umständen: Ist nicht der Mond der große Stimmungsmeister? Niemals der Gleiche, wie auch man selbst. Unberechenbar wie das Geschick des Tages: wenn wir frühmorgens, noch im Dunkeln, vor's Haus treten, sehen wir uns nach ihm um, ob er Wache hält, wie es ihm heute geht und wie er uns findet: ein ernster Grußwechsel mit dem Überirdischen. Er erwidert unseren fragenden Blick, prüfend, mit Ermutigung oder Einwand. Er ist noch da. Er hat uns bemerkt, – doch schnell ist er wieder für sich, entrückt, tief beschäftigt im Wolkenland und im Meer der Sterne.

Nehmen wir das ernst, wollen wir es wahrhaben? Schon lange vor der Mondfahrt gab es Hemmungen: Das ist ja schön und gut, doch nicht wahr; nichts als romantische Schwärmerei, Einbildung, Erfindung, subjektiv. Aber: Subjektiv – wo wir alle es kennen? Erfindung – wo es uns überfällt.?

Es gibt eine Romanfigur[10], die rigoros dem Erlebnis widerspricht: Ein Techniker, notgelandet, sieht über der nächtlichen mexikanischen Wüste einen – für seinen Begleiter – besonders eindrucksvollen Mond schweben. Aber der homo faber läßt diesen Eindruck nicht in sich hinein, wehrt sich, fühlt sich sachlich, hält sich an „Realitäten" (Stimmungen sind für ihn keine). So sagt er sich: „Ich bin Techniker und gewohnt, die Dinge zu sehen wie sie *sind*. Ich sehe den Mond über der Wüste, klarer als je, mag sein, aber eine *erkennbare* Masse, die um unseren Planeten kreist, eine Sache der *Gravitation,* aber wieso ein Erlebnis?"

Auch er ist verzaubert, aber vom Mond der Physik. Wer einmal dem Entdeckungszug nachgegangen ist, der die Allgemeine Schwere fand und den Begriff der Gravitation bildete, der wird das gut verstehen. Aber warum traut der homo faber nun nicht mehr seinen eigenen, unmittelbaren Erfahrungen, wie er da in der Wüste steht? Es fiele ihm nicht schwer zu antworten: Euer Mond ist nicht wahr: Er sitzt nicht im Baum, er tönt nicht, er wandert nicht am Himmel. Auch den Himmel gibt es nicht; in Wirklichkeit blicken wir da, wo wir das Firmament zu sehen glauben, in tiefen grundlosen Raum. Wir wissen das schon ein paar hundert Jahre lang. Der Dichtermond ist eine vollkommene, wenn auch willkommene, Täuschung. Er meint uns nicht, er weiß nichts von uns, er kann nichts wissen, kann um nichts sich kümmern, denn er ist nichts als ein toter Steinball, Fels und Staub.

Es ist wahrscheinlich, daß die meisten von uns, die in eine Schule gegangen sind, falls sie ernst befragt würden, welcher nun der „wirkliche" Mond sei, vielleicht nach einem verlegenen Zögern für diesen physikalischen Mond stimmen würden.

Vermutlich unterwerfen wir uns dem wissenschaftlichen Mond wegen der Genauigkeit seiner Daten (Entfernung, Radius, Umlaufzeit, Masse), von deren Richtigkeit sich jeder überzeugen kann, wenn er einen guten Lehrer findet. Hier herrscht genaue Objektivität, es gibt kein Aber. Hier findet sich eine Präzision, die – wenn sie einmal verstanden ist – jeden in Entzücken versetzt, der klare

Aussagen liebt. Man weiß „woran man ist". Wir sind auf etwas Festes gestoßen, auf „Grund".

Es kommt hinzu, daß diese Kennzeichen des Mondes mit denen aller anderen körperlichen Dinge in einem berechenbaren Zusammenhang stehen. (Das meint jener Techniker, wenn ihm das Wort „Gravitation" einfällt.) Auch macht es uns großen Eindruck, daß Physik die modernen Maschinen und Instrumente zur Erweiterung unserer Sinne erst möglich gemacht hat. In ihnen herrschen wir. Herrschaft imponiert. Dabei ist es allerdings nicht etwa Herrschaft „über die Natur", wie manche leichtfertig sagen, sondern nur über das Innere der Maschinen, weil wir uns dort den Ergebnissen der Physik anpassen; sorgsam, oft sogar furchtsam, in Raketen wie in Reaktoren.

Genau also und – in Grenzen – bemächtigend ist Physik in all dem, was sie herausbringt (die Naturgesetze) und was sie hervorbringt (die moderne Technik). Der Mond der Physik, der berechnete, ist derselbe wie der von den Astronauten betretene. Sie haben den wissenschaftlichen Mond nur *bestätigt*. Wer ein wenig naturwissenschaftlich Bescheid wußte, konnte nicht erstaunt sein über ihre Berichte. Und umgekehrt: Nur weil die Physiker schon fast alles wußten – etwa: wieviel leichter ein Mensch auf dem Monde ist als hier auf dem Erdboden – konnte der Flug überhaupt geplant werden und gelingen.

Deshalb hoffen manche, in der Richtung des physikalischen Forschens den eigentlichen, den letzten Grund der Welt einmal zu finden. Darum möchten sie auch den steinernen Mondball da draußen, der doch (so scheint es) mit uns nichts zu tun hat, für den wahren erklären und den Zauber-Mond, mit dem unser Inneres „es hat", für eine liebenswerte Illusion. Ist es so einfach?

Physik hat es nicht immer gegeben. Als sie anfing, fand sie nicht schnell den Weg zur Macht und auch nicht gleich Sympathie. Einer der ersten Physiker war der Grieche Anaxagoras, vor etwa 25 Jahrhunderten erst. Als er die Stirn hatte, die Sonne für „nichts als" einen feuerglühenden Metallklumpen zu erklären, wollte man davon nichts hören; und wohl auch deshalb mußte er seine Stadt Athen verlassen, als einer, „der sich gegen die Götter versündigte". Heute, umgekehrt, würde, wer des Anaxagoras Satz für falsch erklärte, der öffentlichen Mißachtung ausgesetzt sein.

Wie mag er zu seiner damals ketzerischen, heute herrschenden Meinung gekommen sein? Vielleicht hat er (und mit ihm einige andere) zum ersten Male so gedacht, wie es uns heute so leicht eingeht: Ich will jetzt nicht danach fragen, was der Mond (oder die Sonne) für mich ist, oder auch für manche andere Menschen in gewissen Nächten, wenn sie in Stimmung sind. Ich will wissen, was er „an sich" ist, nicht für uns Menschen, sondern „eigentlich". Dazu muß ich von mir und allen anderen Menschen absehen und von dem, was er mir und uns bedeutet: Maß und Zahl in Raum und Zeit.

So begann man am Mond zu messen (was gar nicht so schwer ist): Wie hoch über der Erde er denn steht und geht, ob vor oder hinter den Sternen, ob näher als die Sonne oder ferner. Jeder kann das mitdenken und selbst prüfen. Es hat alles seine Richtigkeit: 30 Erdkugeln würden den Weg zu ihm füllen. Er umkreist uns monatlich und braucht dabei für den Kilometer etwa eine Sekunde. Er ist viel näher als die Sonne, rund 400 mal, und beide sind unvergleichlich näher als die Sterne (die Handvoll Planeten ausgenommen). Dies alles „stimmt". So haben wir das Gefühl: Wir wissen damit, was er „wirklich ist", nicht für uns, sondern „an und für sich".

Man muß diesen letzten Satz zweimal überlegen, um einen leichten Stoß zu verspüren von einer Klippe, über die unser Denken dabei leicht hinweggeflossen ist. Beim Umgang mit solchen Stößen ist es immer gut, den Worten nachzugehen, die wir vielleicht gedankenlos gebrauchen: Was bedeutet „wirklich", was „eigentlich"? Was soll es heißen „an und für sich" oder „nichts als"? Und vor allem diese rätselhafte Wendung „es gibt" (wenn wir etwa sagen: Es gibt doch nur *einen* Mond!). Was oder wer „gibt" uns hier etwas?

Können wir denn überhaupt wissen wollen, was der Mond „an und für sich" „ist", also nicht für uns, sondern ohne uns? Kann der Mensch den Menschen ausschalten? Ist Messen und Rechnen in Raum und Zeit nicht *auch unser* Vermögen? Uns darauf zu beschränken, wäre das nicht ein *Entschluß*, und zwar unserer?

Es hat also keinen Sinn, auch nur zu *fragen*, was der Mond (oder irgend ein Ding) an und für sich sei. Wir sind immer beteiligt, immer dabei. Freilich nicht immer in derselben „Verfassung".

Wenn wir nun physikalisch (astronomisch) von ihm sprechen, nach Maß und Zahl also und *nur* das, so sind wir offenbar nicht vollständig anwesend, nicht „ganz da", denn wir sind ja nicht nur messende Wesen. Wir schränken uns als Messende *ein*, sehen ab von allem anderen. Es kann uns zwar, wider Willen, geschehen, daß wir beim Ausmessen etwa des Sichelmondes abschweifen, er uns auf einmal wie ein lächelnder Mund vorkommt. Wir weisen das dann ab, wir sind vom Messen gefangen, sind befangen und *wollen* es sein. Für unseren unbefangenen Blick aber (und für seinen gehobenen Sprecher, den Dichter) „stimmte" es schon, das mit dem lächelnden Mund. Es entsprach dem Einbruch einer Stimmung. Auch die physikalische Verfassung könnte man, etwas gewagt, eine Stimmung nennen, eine „Gestimmtheit", eine sehr nüchterne, sachliche, kühle. Was sie herausbringt, ist „richtig". Und deshalb konnten es die Astronauten auch bestätigen. Was sie bestätigen, ist indessen nur Entfernung, Größe (Krümmung), Schwerkraft.

Daß sie dort oben aber eine Wüste vorfanden, das können sie nicht den Dichtern vorwerfen. Auch wenn sie in einem Blumengarten gelandet wären: Die Dichter haben den Mond – da draußen – so wie er in der Nähe aussehen könnte, nie gemeint!

Sie sprechen vom Mond am Firmament, wie er sich für uns hier unten kundgibt, wenn wir ganz unbefangen sind, uns nicht einschränken und von nichts absehen. Kein Himmels-„Körper" ist er dann, sondern eine Lichtgestalt. (Kepler konnte noch sagen: ein „Geschöpf".)

Diesem Mond der Dichter kann keine Rakete, kein Astronauten-Besuch und -Bericht etwas anhaben. Er ist davon nicht betroffen, ist unverletzlich. (Nur wenn es uns gelänge, den Mond ganz aus seiner Bahn zu werfen, in beliebige Weiten zu schießen oder zu verdampfen: dann ginge freilich auch der Mond der Dichter verloren, beide wären nur noch Vergangenheit. Aber auch wir wären es: Eine solche Verstoßung würde die schrecklichste Rückwirkung auf die ganze Erde haben, eine Flutkatastrophe ohne Vorbild würde uns alle ertränken.)

Dem Dichter liegt es ganz fern, den Mond in der Nähe sehen zu wollen. So wie niemand auf den Gedanken kommen wird, ein befreundetes Menschengesicht aus einer Fingerbreite Abstand oder durch die Lupe zu betrachten. Es gehört sich nicht. Wir erlauben es nur dem Arzt.

Der Astronaut, als er den Dichter nicht mehr verstand, erlag dem Vorurteil, das gewaltsam in die Nähe Gebrachte zeige das eigentlich Wirkliche. – Solang wir den Mond als Freund sehen können, den „Hausfreund" Johann Peter Hebels, solang gehört es sich nicht, ihm zu nahe zu treten.

Der Dichter sieht den Mond nicht „gegenständlich". Er erblickt ihn physiognomisch, als ein Gegenüber, das auch uns „anblickt", ein Antlitz, zugehörig dem Antlitz des Himmels mit seinen Wolken und Sternen.

Nehmen wir den Mond aber räumlich, physikalisch, astronomisch, so reißen wir ihn ohne Bedenken aus dieser seiner physiognomischen Zugehörigkeit heraus. Das Antlitz zerfällt. Genauso ist es, wenn wir ihm zu nahe kommen. Ein Antlitz ist nur aus einer gewissen Entfernung ein Antlitz. Tritt man ihm zu nahe, so ist sein Charme dahin.

Vielleicht haben wir noch einen letzten Rückfall und fragen, so naiv wie unsere Sprache fragt, doch noch einmal: „Aber welcher Mond ist nun der Mond selber? Mond ist Mond! Einen kann es nur geben!"

Es gibt für uns keinen Mond ohne uns. Kein „Mond-selber" kann uns von irgend einer Macht gegeben werden. Wir sind immer dabei.

Da wir aber in verschiedenen Verfassungen leben können, so sind beide Monde wirklich, einer wie der andere, jeder von beiden mit seinen Vorzügen und Verzichten. Wir können nicht beweisen, daß eine dieser beiden Verfassungen unsere eigentliche wäre, es sei denn, wir versteifen uns auf eine von beiden.

Der Mond der Dichter kommt aus der Fülle aller unserer Zuwendungsmöglichkeiten. Wir sind offen, sehen alles was wir sehen so, wie es uns ansieht. Wir sehen von nichts ab.

Des Mondes der Physiker, der Astronomen, bemächtigen wir uns erst durch eine Beschränkung von uns selbst auf den messenden Verstand allein. Der Lohn ist die Bemächtigung: Wir kommen hinauf!

Wir können in der einen und wir können in der anderen Verfassung sein und können uns in jeder von beiden einrichten, als gäbe es die andere nicht. Unsere ganze Freiheit aber gewinnen wir erst, wenn wir im Laufe eines tiefen Atemzuges umspringen können von der einen in die andere, von dem einen Aspekt in den anderen.

Der Maler, der die Mondsichel zeichnet, wie sie im Geäst eines Baumes nistet, blinkt und blickt, der braucht nicht zu fragen, wie diese Sichelform zustandekommt als Beleuchtungsfigur einer dunklen Kugel im Sonnenschein (Die Kugel-in-der-Sichel). Aber wenn er will, so kann er auch dies anschauen und verstehen wollen und vergißt vielleicht darüber für einen Augenblick den malerischen Mondbaum. Er braucht sich deshalb nicht zu spalten. Er kann lernen, eines im anderen zu sehen. Er lebt in der Schwebe der Aspekte, der Natur-„Auffassungen".

Wer aber absolut einen „einzig wirklichen" Mond haben will, der kann das nur durch willkürliche Unterdrückung des einen durch den anderen, durch eine autoritäre innere Beschlußfassung. Das läuft auf

160

eine Art Ernennung hinaus, die für keinen anderen Menschen bindend sein kann. Wählt er den Mond der Dichter, so macht er sich blind für die physikalische Seite der Wirklichkeit und verschließt sich damit vor dem Verstehen der modernen Wissenschaft und Technik; erwählt er (wie jener Techniker) den physikalischen Mond (was er übrigens im Ernst kaum fertigbringt), so verödet er seine Wahrnehmungskraft, verschreibt sich der Verfassung, in der wir zwar die Bemächtigung erlernen: *Wieso aber sollte der bemächtigende Zugriff derjenige sein, der allein uns die Wahrheit erfassen läßt?* Dieser Glaube (Aberglaube) ist offenbar keine Einsicht, sondern ein (wenn auch unserer Epoche naheliegender) Beschluß, sich mit dem bemächtigenden, doch manches andere verschweigenden Verstehen zu begnügen. Gewiß kann eine uns einschränkende Verfassung zu großen Erfolgen führen, aber dann natürlich zu einseitigen und deshalb Gefahren bergenden, die sich manchmal erst spät ankündigen, doch heute schon deutlich genug.

Der Gipfel der physikalischen Selbst-Verstümmelung ist erreicht (und kommt vor), wenn wir nicht nur unsere und Anderer Stimmungen als Einbildungen verleugnen, sondern sogar das Rot und Grün der farbigen Welt als Illusion verleumden, erzeugt von den „allein wirklichen Wellenlängen der elektro-magnetischen Strahlung" (so wie der homo faber sich auf die gelernte „Gravitation" zurückzieht).

Jeder der beiden Beschlüsse würde eine Entsagung bedeuten, die wir nicht nötig haben. Der physikalische Mond kann dem Dichtermond nichts tun, kann ihn nicht korrigieren wollen. Wie denn überhaupt Physik keine Natur-Korrektur ist. (Nicht einmal der geozentrischen Darstellung. Heisenberg hat in einem Vortrag einmal bemerkt, daß die moderne Physik ihr nicht widerspricht, insofern der Michelson-Versuch und die Relativitätstheorie auch erlauben, die Erde als ruhend anzusetzen. „Wenn man eingesehen hat, daß die Begriffe (‚Ruhe' und ‚Bewegung') keine absolute Bedeutung besitzen, daß sie sich auf die Relation zwischen zwei Körpern beziehen, so ist es willkürlich, ob man Sonne oder Erde als ruhend oder bewegt ansieht. Dann besteht erst recht kein Grund, das alte Weltbild zu ändern." Der relativistischen Erleichterung bedürfen wir aber streng genommen *nicht*. Klassische und moderne Physik sind beide Physik. Beiden gegenüber steht es uns frei, die nicht-physikalische, die physiognomische Weltsicht des Erdbodens-unter-dem-Himmelszelt als eine wirkliche wahr zu haben. Der Übergang von ihr zur Physik ist nicht der überwindende, der richtigstellende Schritt zur Wahrheit, er bringt ihre Umsetzung in eine auf die andere Weise wirkliche, genaue aber enge Naturauffassung.)

Es geht nicht allein um den Mond: Seit kurzem kennen wir auch Venus in zweierlei Fassung. Durch Jahrtausende war sie uns nur der Abend- und Morgenstern, der das Sonnen-Gestirn umschwingt und dabei jedesmal zum gleißendsten aller Sterne aufglänzt, um dann wieder unauffällig zu werden. Jetzt sind unsere fliegenden Registriermaschinen ihr nahegekommen und erschrecken uns, diesmal nicht durch nackte Kraterwüsten wie auf Mond und Mars, sondern durch ein höllisch aufgeheiztes Gewölk.

Aber bleiben wir beim Mond. Er ist nur ein Exempel, wenn auch das uns in jeder Weise nächste: alle Kinder kennen ihn. Bleiben wir ungestört seinem Zauber treu, dem uralten Gefährten unserer – und der hunderttausendjährigen Ahnen – Nächte. Wenn wir außerdem das Glück haben, den physikalischen Mond *richtig* zu verstehen, dann fühlen wir uns bereichert, nicht korrigiert, nicht ernüchtert.

So „gibt es" also eine zur Physik komplementäre Natur-Zuwendung, damit auch Himmels-Zuwendung, die keine Instrumente dazwischenkommen läßt und keiner Einschränkung unseres Wesens bedarf, die im Freien mit freiem Auge aufblickt, unmittelbar; nicht scharf, nicht zerstückelnd; bereit, eine Erkenntnis zu empfangen, „welche die ungetheilten Kräfte des Menschen fordert"[11], nicht eine „Wissenschaft" von der Natur, eher eine Verständigung mit ihr.

In unseren Schulen gibt es zwei Monde. Sie treten in verschiedenen Räumen auf; hart und nackt der eine, der andere leise und verschleiert; vorgeführt von zwei verschiedenen Fachlehrern. Was der eine Mond mit dem anderen zu tun hat, davon wird nicht gesprochen. Gibt es den Deutschlehrer, der ein Mondgedicht bespricht und dem der Glanz der newtonschen Mondrechnung noch gegenwärtig ist (in der die still durch die Sternbilder pilgernde Lichtgestalt zur überschnell und unaufhörlich sich weiterschleudernden riesigen Felskugel nicht enthüllt, sondern reduziert wird)? Kann man sich einen Physiklehrer denken, der zur Einleitung dieser Mondrechnung die unvergleichlichen Sätze Johann Peter Hebels seinem Schüler vorliest, dem die Dunstglocke der Städte den Horizont geraubt hat?:

„Wenn aber früh die Sonne in ihrer stillen Herrlichkeit aufgeht, so weiß er nicht, wo sie herkommt, und wenn sie abends untergeht, weiß er nicht, wo sie hinzieht und wo sie die Nacht hindurch ihr Licht verbirgt, und auf welchem geheimen Fußpfad sie die Berge ihres Aufgangs wiederfindet. Oder wenn der Mond einmal bleich und mager, ein andermal rund und voll durch die Nacht spaziert, er weiß wieder nicht, wo das herrührt..."

Dabei führen Hebels „Betrachtungen über das Weltgebäude" durchaus zu dem kopernikanischen Gefüge als dem, „wo das herrührt". Hebel, schreibt Heidegger[12], „zeigt die Natur *auch* in ihrer wissenschaftlichen Berechenbarkeit. Aber er verliert sich nicht in diese Naturauffassung". Unser Schulunterricht hat sich seit langem dorthin verloren. Seit kurzem sind wir jedoch freier geworden und durch die Selbsterkenntnisse der Physik des 20. Jahrhunderts auch vom kopernikanischen Bild unabhängiger. Selbst innerhalb der Physik hat es als menschliche Konstruktion nur den großen Vorzug der Einfachheit, nicht der tieferen Wirklichkeit.

Unsere Schulbücher[13] pflegen, vorlaut wie sie sind, gleich von der „scheinbaren" Himmelskuppel zu sprechen und den „scheinbaren" Bewegungen der Planeten auf ihr. Es ist klar, was sie meinen. Aber sie gefährden, sie verleumden mit dem Wort „scheinbar" im Kinde Wirklichkeiten[14], denen keine Physik, kein kopernikanisches System, keine Astronomie, keine Astronauten-Fotos etwas anhaben können. Es ist nichts Scheinbares, was der Himmel mit seinen über den Mond jagenden Wolken, ein andermal als hoher Sommerhimmel sagen kann. Nur wir sind dann nicht in der physikalisierenden Verfassung.

Niemals sollte ein Schulkind auch nur im geringsten, und sei es auch unbewußt, eine Art schlechten Gewissens spüren, wenn es den Mond „noch immer" als den Freund der Wolken und seiner selbst über das Himmelszelt gehen sieht: verwirrt von dem gelernten Gerede, dies alles sei „nur Schein". Niemals sollte es sich gespalten fühlen, wenn es *ein*mal astronomischen Schlüssen und astronautischen Demonstrationen nachgeht und es doch – zum Glück – nicht lassen kann, ein *ander*mal Erfahrungen, Ahnungen, Gedichten sich zu öffnen, in denen der Mond keineswegs als Kugel von der Masse m und die Erde nicht als Ball empfunden wird. Helfen wir dem Kinde, zu verstehen: Es selbst lebt dann nicht in einer scheinbaren, sondern in einer volleren und weniger eingeschränkten Wirklichkeit als in der mittelbaren, instrumentalen, astronomischen und astronautischen Zuschauersicht. Seine ursprüngliche Wirklichkeit ist keine „objektive" zwar, aber doch auch mehr als eine private, da sie immer wieder einzelne von uns innerlich miteinander verbinden und in der Kunst sogar auf Unbeteiligte übergreifen lassen kann. Es ist *die* Wirklichkeit, die uns sagen läßt: „Hier", auf dem „Erdreich unter dem

Himmelszelt" „wohnen" wir. Dieses „Hier" hat keine Koordinaten, und dieses „Wohnen" dauert in einer Weise, die durch kein Pendel meßbar ist. „Erde" und „Himmel" werden hier nicht für den messenden Verstand eingeschränkt, sondern in ihrer ganzen Fülle mit allen seelischen Organen wahrgenommen. Dabei distanzieren wir uns nicht, wir identifizieren uns. Eine Art der Zuwendung, ja der Vereinigung ist das, die, wenn sie uns einmal gegeben ist, an *Wirklichkeit* nichts zu wünschen übrig läßt. Wer gar nichts gelernt hat von den astronomischen Erkenntnissen, lebt zwar in wissenschaftlicher Armut, doch in Geborgenheit, glücklicher und reifer als jener, der auf falsche Art „weiß": verwirrt, entwurzelt, gespalten. Wer aber die physikalisch-astronomische Auffassung als einschränkende verstanden hat, braucht nichts an Geborgenheit zu verlieren und kann viel an Staunen gewinnen.

„Man sagt, zwischen zwei entgegengesetzten Meinungen liege die Wahrheit mitten inne. Keineswegs! Das Problem liegt dazwischen, das Unschaubare, das ewig tätige Leben, in Ruhe gedacht."[15]
Unter den griechischen Göttern („... keine ‚Personifikationen'. Sie öffnen den Blick für das Wesenhafte und Wahre") ist die Mondgöttin Artemis die „unstete Königin der Einsamkeit, die Zauberische und Wilde, die Unnahbare und ewig Reine". Aber sie fordert auch Menschenopfer und „überfällt die menschlichen Behausungen mit unheimlicher Gewalt. Mit ihren sanften Geschossen läßt sie die Getroffenen schmerzlos verlöschen".[16]

Die gefühlsstarke, ans Unbewußte grenzende, die physiognomische Naturauffassung, deren wir Zivilisierten noch verschämt fähig sind, ist ein Nachhall religiöser Haltung, dem frühen Menschen eigen und heute noch einigen „primitiven", „unterentwickelten" Gruppen. Wir wissen davon nur noch wenig.

Freunde in Mittelamerika, die dort mit den einfachen Bauern, den „campesinos" indianischer Herkunft in vertrautem Umgang leben, haben dazu etwas aufgeschrieben[17]:
„Für unsere Bauern ist der Mond ein unbegreifliches, fast göttliches Wesen. Sie haben schon Angst, ‚lieber Mond' zu sagen. Deshalb träumen sie nicht vom Mond, er ist nicht „romantisch" und nicht ‚lieb' wie für Li Tai Pe oder ein ‚Saufkumpan' wie für Orff, aber auch nicht kalt und grausam. Unsere Bauern sind deshalb von *uns* viel weiter entfernt als wir, Sie und ich, vom Mond.

Für den Techniker ist der Mond fremder als für unseren Bauern, der ihn als unbegreifliches Zeichen der göttlichen Präsenz von Kind an kennt. Stimmungswerte können nur als solche anerkannt werden, wenn die physikalischen Kenntnisse schon überwunden sind. Nur dann wird der Mond der Dichter, der Liebenden oder der Kranken. Dennoch ist für unsere Bauern der Schock beim Gedanken, daß auf dem Mond Menschen herumtrampeln, viel verheerender als für die Liebenden und Dichter.

Wenn einmal von unseren Bauern akzeptiert sein wird, daß Menschen aus Eitelkeit und Arroganz auf ihm herumgetrampelt sind, wird das Leid einen Weg suchen, wie gegenüber dem unendlichen Meer: Obwohl der Bauer sieht, daß das Meer endlos sogar unter seiner Oberfläche befahren, seziert und sogar beschmutzt wird, zweifelt er nicht daran, daß das Meer eigenen Willen und Macht hat, gegenüber denen auch die ‚Gelehrten' und ‚Techniker' nichts sind."

> „In jener längst vergangenen Zeit
> der offenen Prärie, als der Wind
> noch die Sprache Amerikas war,
> hatten die Indianer unter dem
> Mond gelebt, zu ihm aufgeblickt,
> waren ihm näher gewesen als je
> ein Europäer."

Norman Mailer[18]

Anmerkungen

1 Norman Mailer, Auf dem Mond ein Feuer, Droemer-Knaur, München/Zürich, 1971, S. 176.
2 Der Astronaut Lovell auf einer Pressekonferenz, Ende Dez. 1968.
3 Retina, Kodak Revue 1969/1, S. 28.
4 Li Tai Pe
5 Brentano
6 Lorca
7 Brentano
8 Goethe
9 Federico Garcia Lorca, in einem Aufsatz „Wie entsteht ein Gedicht?"
10 Max Frisch: Homo Faber, Suhrkamp Bibliothek, Nr. 87, S. 28 (Hervorhebungen hinzugefügt).
11 W. v. Humboldt, Werke, Bd. 3: Schriften zur Sprachphilosophie, Wiss. Buchges. Darmstadt, 3. Aufl., 1963, S. 22.
   Hier zitiert wegen der heute unüblichen und deshalb erhellenden Formulierung „ungeteilte Kräfte"; zu unterscheiden von den isolierten Verstandesmitteln. Humboldt wendet sich gegen die eng-rationalistische Auffassung, nach der die

Worte einer Sprache nichts als Bezeichnungsmittel seien, nur erfundene, in sich gleichgültige Zeichen. – Das ist die linguistische Parallele zu der physikalistischen Reduktion des Mondes als einer Sache nur der Gravitation.
Näheres bei S. Mumm: Zur Propädeutik der Linguistik: Wort und Zeichen; in: Germanistische Linguistik 1/2, Marburg, Forschungsinstitut für deutsche Sprache.

12 M. Heidegger, Hebel, Der Hausfreund. Neske, Pfullingen, 3. Aufl. 1965, S. 20f.

13 Der folgende Absatz (S. 159–160) ist, leicht überarbeitet, übernommen aus meinem Aufsatz „Die Erfahrung des Erdballs", in „Ursprüngliches Verstehen und Exaktes Denken", Bd. II. Klett/Stuttgart, 1970, S. 55f.

14 Vgl. Horst Rumpf: Inoffizielle Weltversionen – Über die subjektive Bedeutung von Lehrinhalten. In: Zeitschrift für Pädagogik, 1979/2, S. 209.

15 Artemis-Goethe-Gedenkausgabe, Bd. 9, S. 580. Goethe sei hier mit Respekt zitiert, obwohl es ihm selber nicht gelang, seine und die newtonsche Farbenlehre als zwei einander nicht ausschließende Sehensweisen anzuerkennen. Ein Zeichen, wie schwer es ist.

16 Walter F. Otto, Theophania, rowohlts deutsche Enzyklopädie, Bd. 15, Hamburg, 1956, S. 76, 93ff. – Siehe auch Anna Seghers, Sagen von Artemis. In: Gesammelte Werke in Einzelausgaben, Bd. VII, S. 70ff. – Aufbau Verlag, Berlin W 8, 1956.

17 Siehe hierzu auch Wagenschein „Lehren mit Respekt". Scheidewege, Heft 2/1977.

18 a. a. O. S. 106.

Veröffentlichungen

I. Bücher

[1] *Zusammenhänge der Naturkräfte*, Friedr. Vieweg & Sohn, Braunschweig, 1937, vergriffen.

[2] *Natur physikalisch gesehen*, (1953); 5. Aufl. als Westermann-Taschenbuch Nr. 90, Braunschweig 1975

[3] *Die Erde unter den Sternen* (1955), 3. Aufl., Beltz, Weinheim, 1965, vergriffen

[4] *Die pädagogische Dimension der Physik* (1962), 4. Aufl. Westermann, Braunschweig, 1976

[5] *Ursprüngliches Verstehen und exaktes Denken*, Ernst Klett-Verlag, Stuttgart, 1965. Bd. I, 2. Aufl. und Bd. II 1970

[6] *Verstehen lehren*, Beltz Bibliothek, Bd. 1, 1968; 7. Aufl. 1982, Beltz-Verlag Weinheim

[7] *Kinder auf dem Wege zur Physik*, Mit Agnes Banholzer und Siegfried Thiel, Klett, Stuttgart, 1973

[8] *Naturphänomene sehen und verstehen*, (Hrsg. H. Chr. Berg), Klett, Stuttgart 1980. (Ein Studienbuch. Dort auch „Rettet die Phänomene!")

II. Aufsätze,
die in keinem der unter I angeführten Bücher enthalten sind

[9] *Naturwissenschaftliche Bildung und Sprachverlust* in „Neue Sammlung" 6/1971, S. 497–507

[10] *Die beiden Monde*, in: Scheidewege, 4/1979, S. 463–475; und hier S. 154

[11] *Physikalismus und Sprache*, in: G. Schaefer/Werner Loch (Hrsg.): Kommunikative Grundlagen des naturwissenschaftlichen Unterrichts, Beltz, Weinheim, 1980, S. 12–37

Dasselbe unter dem Titel:
Gegen die Nichtachtung des Unmeßbaren und des Unmittelbaren, in: Schriftenreihe der Freien Pädagogischen Akademie (Dr. A. Scheidegger, CH-8908 Hedingen, Kaltackerstr. 32), als Einzeldruck. 1982

[12] *Anmerkungen zum exemplarisch-genetischen Prinzip,* in: W. Twellmann (Hrsg.), Handbuch Schule und Unterricht, Schwann, Düsseldorf, 1981, Bd. 4.1, S. 178–196

Aus eigener Wahrnehmung lernen

Wagenschein fragt nach dem, was wir alle wissen wollen, aber nicht zu fragen wagen. Zum Beispiel, woher man so etwas, wie weit der Mond entfernt ist, eigentlich wissen kann: »Man braucht fast keine Mathematik zu können, um das Ergebnis selber nachzuprüfen. Jedes Kind von etwa 12 Jahren an kann das: Ein Apfel, ein Ball, ein Globus, das soll die Erde sein. Auf ihm bezeichnen wir Kapstadt und Berlin. Ein Streichholz zeigt den Berliner, ein zweites Streichholz den Kapstädter. Beide sehen nun den Mond …«

Wissen, zu dem es keinen Vergleich, keine Erfahrung, keine Anschauung gibt, bleibt leer. Mathematische und physikalische Entdeckungen sollen aufgehen dürfen, nicht vorgesetzt werden. Dieses Buch zeigt an ausgearbeiteten Beispielen, wie Schüler und Lehrer *exemplarisch-genetisch-sokratisch* gemeinsam Entdecken, Denken und Verstehen lernen und lehren können.

Martin Wagenschein
Verstehen lehren
Mit einer Einführung von Hartmut von Hentig
Beltz Taschenbuch 22, 180 Seiten
ISBN 3 407 22022 7

BELTZ Taschenbuch

Ellen Key revisited

Meike Sophia Baader · Juliane Jacobi
Sabine Andresen (Hrsg.)

Ellen Keys reformpädagogische Vision

PÄDAGOGIK

»Das Jahrhundert des Kindes«
und seine Wirkung

BELTZ
Taschenbuch

»Das Jahrhundert des Kindes«, von der großen Reformpädagogin Ellen Key 1902 propagiert, ging zu Ende. Guter Grund für 14 Erziehungswissenschaftler, sich mit der Wirkungsgeschichte von Ellen Keys Klassiker der Reformpädagogik und seinen gegenwärtigen Bezügen unter drei zentralen Aspekten auseinanderzusetzen:
· Der Rolle der Mutter innerhalb der Geschlechterbeziehung,
· Kindheit im 20. Jahrhundert,
· Ellen Key im internationalen Kontext reformpädagogischer Konzepte.
Nehmen Sie teil an einem Diskurs zum gegenwärtigen Stand reformpädagogischer Erziehung, entfaltet an der kritischen Würdigung einer der bedeutendsten Frauen unseres Jahrhunderts.

Meike Sophia Baader / Juliane Jacobi /
Sabine Andresen (Hrsg.)
Ellen Keys reformpädagogische Vision
Das »Jahrhundert des Kindes« und seine Wirkung
Beltz Taschenbuch 63, 280 Seiten
ISBN 3 407 22063 4

BELTZ Taschenbuch

Schule als Modell für Demokratie

Jürgen Oelkers (Hrsg.)

JOHN DEWEY

Demokratie und Erziehung
Eine Einleitung in die
philosophische Pädagogik

BELTZ
Taschenbuch

»Demokratie und Erziehung« ist ein Schlüsselwerk der internationalen Reformpädagogik. Systematisch begründet der amerikanische Philosoph, Pädagoge und Psychologe Erziehung und Demokratie als Formen »gemeinsamer und miteinander geteilter Erfahrung«. Die Schule als Modell für Demokratie wird zur Grundlage des Lehrens und Lernens in modernen Gesellschaften.

»Dewey regt nicht auf, er regt an. Als demokratischer Denker ist er egalitär durch und durch. Deshalb konnte er bei uns nicht in dem Maße rezipiert werden, wie sich die Bundesrepublik – die »alte«, wie man heute sagt – von den jungkonservativen Stimmungslagen einer exaltierten Vergangenheit löste. Auch für die Berliner Republik wäre er der bessere Patron.«
Jürgen Habermas

John Dewey
Demokratie und Erziehung
Eine Einleitung in die philosophische Pädagogik
Herausgegeben von Jürgen Oelkers
Beltz Taschenbuch 57, 517 Seiten
ISBN 3 407 22057 X

BELTZ
Taschenbuch